史書を旅する

読売新聞文化部【編】

中央公論新社

目次

はじめに　11

1　魏志倭人伝　長崎県対馬市
大陸文化の窓口　青銅を抱く島　14

2　日本書紀　奈良県桜井市　箸墓古墳
眠る皇女　邪馬台国の謎　18

3　日本書紀　埼玉県行田市　埼玉古墳群
武蔵の威容　交通の要衝で誇示　22

4　日本書紀　奈良県明日香村　飛鳥寺
聖なる木　大化改新の出発点　26

5　常陸国風土記　茨城県稲敷市　浮島
ヤマトタケル　「天皇」にして征服者　30

6　宋書倭国伝　大阪府羽曳野市　高鷲丸山古墳
倭の五王　南朝に権威を求めて　34

7　上宮聖徳法王帝説　奈良県明日香村　橘寺
太子が経典を講じた〝聖地〟　38

8 大国と渡り合った飛鳥人 隋書倭国伝 奈良県明日香村 向原寺 42
9 長屋王 謀反の密告を受け自決 続日本紀 奈良県奈良市 二条大路南 46
10 御璽と鈴を奪われ、仲麻呂敗北 続日本紀 滋賀県高島市 乙女ヶ池 50
11 巨大な塔の建立 称徳女帝の戦略 続日本紀 大阪府八尾市 由義寺跡 54
12 蝦夷の乱 律令の拠点を焼く 続日本紀 宮城県多賀城市 多賀城跡 58
13 一〇年で挫折 桓武理想の新都 続日本紀 京都府向日市 長岡宮跡 62
14 政変でついえた平城再遷都 日本後紀 奈良県奈良市 平城宮跡 66
15 上野国分寺の地に大地震 類聚国史 群馬県前橋市、高崎市 上野国分寺跡ほか 70
16 蝦夷征討の中止を説いた行政官 日本三代実録 秋田県秋田市 秋田城跡 74
17 義侠心の「新皇」 在位は五〇日余 将門記 茨城県坂東市 菅生沼ほか 78
18 花山天皇退位 見届ける晴明 大鏡 京都府京都市 元慶寺ほか 82
19 荒ぶる神 心うたれた少女 更級日記 静岡県富士市、富士宮市 86
20 前九年合戦 安倍氏の無法を強調 陸奥話記 岩手県金ヶ崎町 鳥海柵跡ほか 90

21　兄弟間の激戦　奥州藤原氏誕生へ　後三年記　秋田県横手市　金沢柵推定地　94
22　崇徳敗れ、「武者の世」が到来　愚管抄　京都府京都市　白峯神宮ほか　98
23　死地逃れた頼朝　岩窟を信仰　吾妻鏡　神奈川県鎌倉市　岩窟不動尊ほか　102
24　源氏大勝　義経は景時と暗闘　平家物語　香川県高松市　屋島　106
25　天然の要害　正成、壮絶な死　太平記　兵庫県神戸市　会下山　110
26　旗頭を失っても再起した義貞　太平記　福井県敦賀市　金ヶ崎城跡　114
27　南朝の未来を信じた親房　神皇正統記　奈良県吉野町　金峯山寺ほか　118
28　加賀一向一揆　守護を追い込む　実悟記拾遺　石川県金沢市　高尾城跡　122
29　聖人と仏僧　新鮮な出会い　ザビエル書簡　鹿児島県鹿児島市　福昌寺跡ほか　126
30　公家かぶれを批判　重臣が謀反　大内義隆記　山口県山口市　大内氏館跡　130
31　次期将軍「御成」　莫大な出費で歓待　朝倉始末記　福井県福井市　朝倉館跡　134
32　山と湖を望む天主　光秀が築く　兼見卿記　滋賀県大津市　坂本城址　138
33　長篠合戦　往時を語る地形　信長公記　愛知県新城市　設楽原古戦場　142

「梟雄」久秀　創られた悪名
34　多聞院日記　奈良県平群町　信貴山城跡　146

信長も滅ぼせなかった忍び
35　伊乱記　三重県伊賀地方　150

東北の覇者へ　政宗、原点の激戦
36　成実記　福島県本宮市　人取橋古戦場　154

戦国屈指の攻城戦　諜報活動も
37　上井覚兼日記　福岡県太宰府市　岩屋城跡　158

真田昌幸の策　徳川を翻弄
38　三河物語　長野県上田市　上田城跡　162

東国随一の都市に堅固な城
39　北条五代記　神奈川県小田原市　小田原城ほか　166

大名の苦労　巨石が記憶
40　徳川実紀　静岡県伊東市、熱海市　石丁場跡　170

大坂夏の陣　敵将をたたえる家康
41　難波戦記　大阪府東大阪市　枚岡神社　174

一揆勢の士気を下げた砲撃
42　オランダ商館長日記　長崎県南島原市　原城跡　178

鎖国時代　監視下の日蘭貿易
43　日本誌　長崎県長崎市　出島　182

村をのみ込んだ天明大噴火
44　浅間大変覚書　群馬県嬬恋村　鎌原観音堂ほか　186

科学の目を持った遊歴文人
45　菅江真澄遊覧記　青森県青森市　三内丸山遺跡
青森県つがる市　亀ヶ岡遺跡　190

「前方後円墳」の名づけ親
46　山陵志　奈良県奈良市　佐紀盾列古墳群　194

北方の国防を考えた探検家
47 西蝦夷日誌　北海道積丹町　神威岬　198

琉球開国へ　激しい情報戦
48 ペリー提督日本遠征記　沖縄県中城村　中城城跡　那覇市　首里城　202

初代総領事の心を支えた散歩
49 日本滞在記　静岡県下田市　玉泉寺　206

対英戦争　薩摩の近代化を加速
50 一外交官の見た明治維新　鹿児島県鹿児島市　錦江湾　210

新政府軍の頭脳戦　「賊」瓦解す
51 復古記　京都府京都市　淀城跡　214

「武士」に殉じた土方歳三
52 函館戦記　北海道函館市　五稜郭跡ほか　218

古き良き面影　科学者の目で
53 日本その日その日　東京都品川区　大森貝塚　222

明治のアイヌ集落を実地調査
54 小シーボルト蝦夷見聞記　北海道平取町　226

▽　本書は「読売新聞」夕刊に二〇一八年四月から二〇二〇年五月まで連載された「史書を訪ねて」から五四篇を選んで収録し、書籍化にあたって改題したものです。

▽　収録した五四篇は古代から近代まで、おおむね時代順に配列しました。

▽　各篇の冒頭に掲げた史書の引用文は、読みやすさを考慮して、歴史的仮名遣いによる振り仮名を現代仮名遣いに改めました。また、記者による簡単な注釈や補足は（　）に入れ、やや小さな活字を用いました。

▽　本文中に登場する方々の肩書は、新聞に掲載された時点のものです。

史書を旅する

はじめに

いまどき歴史探訪など珍しくありません。城めぐり、古墳めぐり、街道歩きなど、旅先の情景とともにその歴史を書き記す紀行の類いは、次から次へと出版されています。

本書にそれなりに独自性があるとすれば、「史書」の記述を手がかりに、新聞記者という研究者でもない素人が、第一級の専門家に尋ねつつ、時代もさまざまな書物ゆかりの地を歩いた点でしょう。つまり、「言葉」と「好奇心」と「研究成果」が溶け込み、コクのある旅へいざなっているところです。

「言葉」とともにこの日本列島を歩く時、一見ありふれた海や山、川や台地、なんの変哲もない道や家々が、俄然《がぜん》意味を持ち始めます。そこで生を営んだ人々の息吹が伝わってくる。あの世へ旅立った死者たちが語りかけてくる。コロナ禍で海外の物珍しさを追うのが困難な日々ともなれば、ふさわしいのはこのような旅ではないでしょうか。

きっかけは、二〇一七年暮れの酒席での語らいでした。折からの歴史ブームを受け、読売新聞も歴史に関する新連載ができないかとの提案が、編集局内で持ち上がりました。読売新聞文化部には、歴史担当の記者が東京、大阪、福岡にそれぞれ配置されています。歴史上の発見や考古学上の発掘成果、世界文化遺産の登録といったニュースを日々、文字にして送り出しています。その中で東京に身を置く清岡央と前田啓介、そして当時デスクだった私・植田滋が、東京・大手町の安居酒屋で、ビール片手に歴史連載のアイデアを出し合うことにしたのです。

「歴史書を手に、旅ができたらいいね」。誰かがこの一言を発した時、企画は動き出しました。もとより、歴史を理解するには現場に身を置いてみるのが一番だと、常日頃から思いを巡らせている面々です。史書と旅するアイデアが出た途端、イメージは一気に膨らみました。一人が「『日本書紀』なら奈良にも福岡にも行ける」と言えば、もう一人が「『信長公記』でしたら桶狭間とか岐阜とかですかね」。かくいう私も「ザビエルの書簡を読み解くには、(彼が日本に初上陸した)鹿児島に行かなければならない」と訴え……。気がつけば、一晩で五〇を超える史書とゆかりの場所のリストが出来上がっていました。

かくて、「史書を訪ねて」と題する連載は、二〇一八年四月から読売新聞火曜夕刊で始まりました。初回はやはり、本書のはじまりをも飾った『魏志倭人伝』。女王・卑弥呼や邪馬台国について記した史書から始めるのが最もふさわしいと考えたのです。

ただ、最初に訪ねた地に長崎県の対馬が選ばれたのは、ちょっと意外だったかもしれません。邪馬台国の所在地は、畿内説と九州説で長年論争が戦わされてきました。これに対し、対馬の記述は揺るぎない。「土地は山険しく、深林多く、道路は禽鹿《きんろく》の径《みち》の如《ごと》し。千余戸あり。良田なく、海物を食して自活し……」。山険しく森が深い対馬の自然は、今も『魏志倭人伝』がその姿を描いた三世紀もあまり変わりません。結果的に、日本という国を振り返るのに、海外へとつながる列島の「先っぽ」から読み解き始めたというのは、いまの時代、何かを示唆しているようでもあります。

連載は幸いにも好評を得て一〇〇回を超えました。二〇二〇年には『日本書紀』の成立一三〇〇年の節目とも重なり、「日本書紀を訪ねて」という特別編も生まれました。本書は、「史書を訪ねて」のうちの五四回分（二〇一八年四月～二〇年五月掲載）を収めています。執筆者は、歴史担当を中心に一三人。毎回、写真の専門記者が撮った渾身の一枚を収めています。史書だけでなく本書も手にして、旅していただけると幸いです。

なお、識者の方々の肩書け掲載当時のものであること、書籍として刊行するに当たって『史書を旅する』と改題したことをお断りしておきます。

二〇二一年九月一五日

読売新聞東京本社文化部長　植田　滋

大陸文化の窓口　青銅を抱く島

始めて一海を度《わた》る千余里、対馬国《つしまこく》に至る。その大官を卑狗《ひこ》といい、副を卑奴母離《ひなもり》という。居《お》る所《ところ》絶島、方四百余里ばかり。土地は山険しく、深林多く、道路は禽鹿《きんろく》の径《みち》の如《ごと》し。千余戸あり。良田なく、海物を食して自活し、船に乗りて南北に市糴《してき》す。

『新訂　魏志倭人伝・後漢書倭伝・宋書倭国伝・隋書倭国伝』（石原道博編訳、岩波文庫）より

魏志倭人伝《ぎしわじんでん》　中国・西晋《せいしん》の陳寿《ちんじゅ》（二三三〜二九七年）がまとめた歴史書『三国志《さんごくし》』のうち『魏書《ぎしょ》』の「烏丸鮮卑東夷伝《うがんせんびとういでん》」にある倭人条《わじんじょう》の通称。約二〇〇〇字から成る。朝鮮半島の帯方郡《たいほうぐん》から倭の諸国への里程、倭の風俗や政治、女王・卑弥呼《ひみこ》が治めた邪馬台国《やまたいこく》との外交などが記されている。里程の記述はそのままでは現実の地理に当てはまらず、邪馬台国の所在地を巡り、畿内説と九州説などが論争してきた。

1 魏志倭人伝　長崎県対馬市

博多港から約二時間。高速船の窓に、対馬が見えてきた。入り組んだ絶壁の海岸が続く。海から山脈が突き出したかのようだ。

「倭人は帯方の東南大海の中にあり、山島に依《よ》りて国邑《こくゆう》をなす」

『魏志倭人伝』冒頭の文章は、大陸から海を渡って初めて対馬を見た印象が、「山島」と表現されたのではないか——亡くなった考古学者の森浩一《もりこういち》さんが指摘していたのを思い出した。

九州と朝鮮半島の間に浮かぶ対馬は、島の八九パーセントが山林だ。わずかな平地に寄り添うように人口が集まる。

舗装道路の整備が進むのは戦後のこと。今も遺跡を巡っていると、幹線道路からそれて、「深林」の「禽鹿《きんろく》の径《みち》」のような道を通ることがある。「以前は島内の交通も、浦から浦へ渡る船が中心でした。『倭人伝』の描写は実に、簡にして要を得ています」。対馬市教育委員会

夜明け前の浅茅湾。月の反射が入り江の水面にきらめく。魏の使いもこの海を通ったかもしれない＝鈴木竜三撮影

文化財課の尾上博一《おのうえひろかず》係長が教えてくれた。

「南北に市糴《してき》（交易）す」も、示唆に富む描写だ。海峡を人々が行き交った対馬は、大陸の先端文化の窓口だった。それを物語るのが、対馬の弥生遺跡で出土する大量の青銅器だ。一つの墓に、朝鮮半島と九州の青銅器が一緒に副葬されていることもある。

島内三か所の資料館で、青銅器の数々が見られる。島中部の豊玉町《とよたままち》郷土館を訪ねると、広形銅矛《ひろがたどうほこ》と呼ばれる刃先が幅広の銅矛が、展示ケースに八本も並んでいた。一九八九年、林道工事中にまとめて発見されたという。緑青《ろくしょう》に覆われているが、なめらかな地肌が往時の輝きをしのばせる。対馬では一二〇本を超える銅矛が見つかっているとされ、国内でも特に集中している地域だ。現在の福岡市、福岡県春日市周辺にあった奴《な》国《こく》で作られたと考えられている。現地では大規模な青銅器生産の痕跡が発

林道工事中に８本まとめて出土した銅矛（対馬市の豊玉町郷土館で）

掘調査で確認されている。

　当時日本で生産されていなかった銅を、奴国はどう大量に入手したのか。尾上さんは、「倭の中で、壱岐にあった一支国《いきこく》が市場、対馬国は問屋のような役割を担っていたようだ。奴国は問屋とじかに結びついて大陸の銅を得たのでは」とみる。見返りに、対馬国は先端の祭祀具《さいしぐ》を得た、という見立てだ。

「大官」の「卑狗」は、対馬のどこにいたのか。まだ決め手はないが、島中部の浅茅湾《あそうわん》や三根湾《みねわん》周辺が有力とされる。朝鮮半島に向いてぽっかりと開いた湾に、リアス式海岸が続く。三根湾の近くを歩くと小さな看板がいくつも目に留まった。サカドウ遺跡、上《かみ》ガヤノキ遺跡、チゴノハナ遺跡――青銅器や鉄器の出土地だと説明がある。弥生遺跡が密集しているのだ。

　浅茅湾を見下ろす烏帽子岳《えぼしだけ》展望所に登った。小型船が湾から湾へ進んでいく。『倭人伝』の頃も、今も、対馬の人々にとって、海は隔てるものでなく、つなぐものなのだろう。

（清岡央／二〇一八年四月三日）

アクセス

福岡空港、長崎空港から対馬空港まで30〜40分、博多港から対馬の厳原《いづはら》港まで高速船で２時間15分。

◆『魏志倭人伝』とその時代

25年	中国で後漢が成立
57年	奴国王が後漢から印綬《いんじゅ》を受ける
107年	帥升《すいしょう》が後漢に朝貢
147～189年	この頃「倭国大乱」
220年	後漢滅亡、魏建国
239年	卑弥呼が魏に遣使
248年	この頃、卑弥呼没す
263年	魏が蜀を滅ぼす
265年	司馬炎《しばえん》が西晋を建国
266年	倭の女王が西晋に遣使
280年	呉が滅亡

◆解く　邪馬台国への道　当時の中国の世界像

仁藤敦史《にとうあつし》　国立歴史民俗博物館教授

『三国志』をはじめ中国の正史は、王朝が滅びた後、新しい王朝によって書かれました。『魏志倭人伝』の中でも、外交記事は、中国にあった記録を基に書かれたはずで、最も正確な部分です。倭への里程や風俗の記述は、現在の九州北部にあった伊都国《いとこく》に派遣されていた使者などからの伝聞が基になったと考えられます。

邪馬台国を巡っては、江戸時代に新井白石《あらいはくせき》や本居宣長《もとおりのりなが》が学術的なレベルの議論を展開し、明治時代に東大の白鳥庫吉《しらとりくらきち》が九州説、京大の内藤湖南《ないとうこなん》が畿内説を唱え、議論の枠を作りました。

私は、当時の中国の世界像をふまえる必要があると考えます。それは、都を中心に一万里四方が自分たちの世界で、その外の一万二〇〇〇里圏内に、交渉相手になりうる人々がいる、というものでした。『倭人伝』に「（帯方）郡より女王国に至る万二千余里」とあるのは、実際の距離でなく、ぎりぎりの果てから朝貢に来たことを強調したのでしょう。そう考えれば、邪馬台国は九州より遠くでもいいわけです。奈良県の箸墓《はしはか》古墳や纏向《まきむく》遺跡などの最近の考古学的成果も、畿内説を支えています。

邪馬台国以外のことでも、考古学や他の文献と合わせて研究していくことで、当時の社会や習俗の情報がまだまだ引き出せるはずです。（二〇一八年四月三日）

2 日本書紀

奈良県桜井市　箸墓古墳

古来、神の山として信仰されてきた三輪山《みわやま》（奈良県桜井市）の秀麗な姿を望む国道沿いに、鬱蒼《うっそう》とした墳丘が見える。三世紀後半に造られ、全長二〇〇メートルを超える大型前方後円墳では最も古い箸墓《はしはか》古墳（同市、約二八〇メートル）だ。『日本書紀』に登場する「倭迹迹日《やまとととひ》百襲姫《ももそひめ》」の墓として宮内庁が管理している。

倭迹迹日百襲姫は、第一〇代崇神《すじん》天皇の時代の伝承を記した箇所で、第七代孝霊《こうれい》天皇の皇女として出てくる。

災害が続く理由を崇神が占った時、姫に神がのりうつって「我は是《これ》倭国《やまとのくに》の域《さかい》の内に所居《お》る神、名を大物主神《おおものぬしのかみ》と為《い》ふ」と述べる。後に姫は大物主と結婚するが、蛇に化身した姿を見て驚き、箸を用いて自ら命を絶つ。このため、その墓を「箸墓」と呼んだという。

『日本書紀』は奈良時代に完成した勅撰の正史だ。古代最大の内乱、壬申《じんしん》の乱（六七二年）のくだりで、軍勢が「箸陵《はしのはか》のもとに戦ふ」と記す。「陵」の字から、箸墓が皇族の御陵と認識されていたことがわかる。

時人《ときのひと》、其《そ》の墓を号《なづ》けて、箸墓《はしのみはか》と謂《い》ふ。是《こ》の墓は、日《ひる》は人作り、夜は神作る。故《かれ》、大坂山《おおさかのやま》の石を運びて造る。則《すなわ》ち山より墓に至るまでに、人民《おおみたから》相踵《あいつ》ぎて、手逓伝《たごし》にして（列を作って手から手へ渡して）運ぶ。

『日本書紀　上　日本古典文学大系67』（坂本太郎ほか校注、岩波書店）より

日本書紀《にほんしょき》　天武《てんむ》天皇の皇子、舎人《とねり》親王らが編纂《へんさん》し、奈良時代の七二〇年に完成した日本最古の勅撰《ちょくせん》の歴史書。「日本紀《にほんぎ》」とも呼ばれた。漢文で書かれ、全三〇巻と系図一巻からなった。系図は現存しない。皇室と国家の起源について、神代から書きおこし、飛鳥時代の持統《じとう》天皇の代までを叙述している。原本は伝わっておらず、平安時代初期（九世紀）の写本が最古とされる。

夜明けの空を背景に、箸墓古墳と三輪山（左奥）のシルエットが浮かぶ。木々に覆われた墳丘の向かって右半分が前方部、左半分が後円部。手前は箸中大池＝河村道浩撮影

墳丘の周囲では、石室の築造に使われたとみられる板石が多数出土している。西に約一八キロ離れた大阪府柏原《かしわら》市の芝山《しばやま》で採れる玄武岩だ。「大坂山の石」とは、芝山の石を指すらしい。

板石を鑑定した奈良県立橿原《かしはら》考古学研究所特別指導研究員の奥田《おくだ》尚《ひさし》さんは「石室に推計約二〇トン分の石を使っている。運搬作業は、手渡しのほか、水運や修羅《しゅら》（古代のそり）を使って進めたのでしょう」と話す。

良質な石材で石室を組み、それを包む墳丘は、土を丹念に突き固めて造った。前例のない巨大墳墓の築造は、「日《ひる》は人」「夜は神」が築いたと表現するのにふさわしい大事業だった。

箸墓古墳の周りには、三世紀初め～四世紀前半の国内最大の集落跡・纏向《まきむく》遺跡が広がり、大和王権発祥の地といわれる。

桜井市教育委員会文化財課長の橋本輝彦《はしもとてるひこ》さんは『日本書紀』によれば、崇神から三二代の崇峻《すしゅん》天皇まで、宮殿があった場所は、纏向遺跡の一帯を含む三輪山周辺に集中しています。この地で王権が成立

した頃の記憶が奈良時代まで伝わり、『書紀』に記されたのでは」と推測する。

　箸墓古墳や纒向遺跡の年代は、二世紀後半～三世紀半ばの邪馬台国《やまたいこく》時代にも重なる。『日本書紀』が描く倭迹迹日百襲姫の姿は、巫女《みこ》のような力を持っていたという女王卑弥呼《ひみこ》と相通じる。そのため、纒向遺跡は邪馬台国があった地で、箸墓は卑弥呼の墓だとする研究者らもいる。

箸墓古墳周辺で見つかった板状の「芝山の石」（桜井市立埋蔵文化財センターで）

　この説に立てば邪馬台国時代と古墳時代初期が重なり、邪馬台国は初期の大和王権だったことになるが、邪馬台国九州説の論者は当然認めていない。畿内説論者の間でも、卑弥呼を大和王権の女王とみなすことに異論がある。真相は見えない。

　邪馬台国論争は、大和王権がいかに誕生したかや箸墓古墳の位置づけを巡る論争でもある。古代史最大の謎を秘め、箸墓は静かに時を重ねている。


（関口和哉／二〇一八年七月二四日）

アクセス
箸墓古墳は、ＪＲ奈良駅から約25分の巻向駅で下車して徒歩約15分。ＪＲ、近鉄の桜井駅から徒歩で40分ほど。

◆箸墓古墳と『日本書紀』の時代

239年　卑弥呼が魏に使者を送る
240年　卑弥呼に印綬《いんじゅ》など与えられる
248年　この頃、卑弥呼没す
3世紀後半　箸墓古墳が築かれる
4世紀　大和を中心に古墳文化が広がる
5世紀　「倭《わ》の五王」が中国・南朝に使者を送る
620年　聖徳太子らが『天皇記』『国記』の編纂に着手
645年　乙巳《いっし》の変（大化改新）で『天皇記』が焼失し、『国記』は残る
681年　天武天皇が、「帝紀」や「上古の諸事」の編纂を命じる
720年　『日本書紀』完成

◆解く　纏向に相次いで宮殿　興味深い記述

千田《せんだ》稔《みのる》　国際日本文化研究センター名誉教授

天皇家の私的な歴史と考えられる『古事記』に対し、『日本書紀』は中国の史書にならい、公的な歴史を作ろうとしたものです。各氏族の記録を集め、異伝や外国文献も引用するなどしています。

これを踏まえると、崇神天皇の時代に出てくる倭迹迹日百襲姫が最高神の大物主神と結婚し、死後、箸墓に葬られたという記述は、何らかの史実を反映していると考えることができます。私は、年代的にも場所的にも邪馬台国の歴史ではないかと見ています。

『日本書紀』によれば、崇神天皇の子、垂仁《すいにん》天皇が纒向珠城宮《まきむくたまきのみや》、続く景行《けいこう》天皇が纏向日代宮《ひしろのみや》と、相次いで纏向に宮殿を営んでいます。纏向遺跡との関連がうかがわれ、興味深い記述です。崇神、垂仁、景行天皇の記録は、新たな視点で読み直す必要があると思います。

戦前の皇国史観への反動から戦後、歴史学者の津田左右吉《つだそうきち》が『日本書紀』の史料批判を行って史実性への疑問を呈し、研究者らに大きな影響を及ぼしました。しかし、その後、調査・研究が進み、史実という「宝物」が埋もれた書として活用する流れが定着しています。

（二〇一八年七月二四日）

武蔵の威容　交通の要衝で誇示

3 日本書紀　埼玉県行田市　埼玉古墳群

武蔵国造《むさしのくにのみやつこ》笠原直《かさはらのあたい》使主《おみ》と同族小杵《うがらおき》と、国造を相争ひて、（中略）年経《ふ》るに決《さだ》め難し。小杵、性《ひととなり》阻《うじはや》くして逆《さか》ふこと有り。心高びて順《まつろ》ふこと無し。密《ひそか》に就《ゆ》きて援《たすけ》を上毛野君《かみつけののきみ》小熊《おくま》に求む。而《しこう》して使主を殺さむと謀る。使主覚《さと》りて走げ出《にい》づ。京《みやこ》に詣《もう》でて状《そのかたち》を言《もう》す。朝庭《みかど》臨断《つみさだ》めたまひて、使主を以て国造とす。小杵を誅《ころ》す。

『日本書紀　下　日本古典文学大系68』（坂本太郎ほか校注、岩波書店）より

日本書紀《にほんしょき》　奈良時代の七二〇年に完成した歴史書。六つの正史「六国史《りっこくし》」の最初に位置づけられる。神話の時代から飛鳥時代の持統《じとう》天皇の代まで、天皇や政治、対外関係などに関わる出来事を叙述している。編纂《へんさん》には日本国内の文字資料のほか、中国や朝鮮の歴史書に見える日本関係の記事や、口承で伝わっていた物語なども参照したと言われる。

『万葉集』には、埼玉の歌がある。
「埼玉《さきたま》の津に居《お》る船の風を疾み綱は絶ゆとも言《こと》な絶えそね」

船着き場で船の綱が風で切れても、大切な人からの言葉は絶えませんよう。そう詠まれた「津」は、現在の埼玉県行田《ぎょうだ》市にあったとされる。今訪ねても面影は感じにくいが、この地は古代、旧利根川や荒川を通じて東京湾につながる交通の要衝だった。だからこそ、『万葉集』の数百年前、東国有数の古墳群が営まれた。

横たわる巨人のような前方後円墳の間を歩くと、草の匂いが懐かしい。埼玉《さきたま》古墳群には、五世紀後半から七世紀初頭に築かれた九基の大型古墳が残り、国史跡に指定されている。稲荷山《いなりやま》古墳（全長一二〇メートル）では、「獲加多支鹵《わかたける》大王」（雄略《ゆうりゃく》天皇）の名を刻む鉄剣という大発見があった。二子山《ふたごやま》古墳（同一三二・二メートル）は、武蔵（埼玉県、東京都と神奈川県の一部）最大の前方後円墳。丸墓山《まるはかやま》古墳（直径一〇五メートル）は、国内の円墳

で二番目に大きい。

面白いことに、前方後円墳が皆、後円部を北東方向にそろえている。県立さきたま史跡の博物館の関義則《せきよしのり》前館長は、「正面を意識した結果、同じ向きになったのでしょう。前方部から見て左側、北西から見るのが正面だったと考えています」と、地図を示して言った。横から見る向きのようだが、確かにこの古墳群では多くが北西側に「造り出し」と呼ばれるテラスを持つ。発掘調査では造り出しから、祭祀《さいし》で使った土器が出土している。

北西に何があったのか。

瓦塚古墳（手前）、二子山古墳（中央）、丸墓山古墳（奥左）、稲荷山古墳（奥中央）、将軍山古墳（奥右）などが並ぶ埼玉古墳群。前方後円墳の後円部が皆、奥の北東方向に向かっている（許可を得て小型無人機から）＝鈴木竜三撮影

「津だと思います。当時は近くを旧利根川が流れ、船着き場はターミナルでした。往来する人々に威容を誇示したのでしょう」。後に歌が詠まれたのも、地政学的な背景があったわけだ。

古墳群の主《あるじ》は武蔵を治め、やがて中央から地方官「国造《くにのみやつこ》」に任じられた有力豪族たちとされる。彼らの間で、時に激しい争いもあっ

稲荷山古墳から出土した金象眼で文字を刻む鉄剣。銘文から471年のものと考えられている（県立さきたま史跡の博物館で）

たようだ。『日本書紀』が、東国を揺るがした安閑《あんかん》天皇元年（五三四）の出来事として伝える。

「武蔵国造の乱」とも呼ばれる伝承はこうだ。武蔵国造の座を、同族の使主《おみ》と小杵《おき》が争った。小杵は、東国で大勢力を誇った上毛野《かみつけの》（群馬県）の豪族・小熊《おくま》と組み、使主を討とうとした。そこで使主は中央に訴え、大和王権が介入、小杵を討った。国造の地位に就いた使主は、武蔵国内の四か所を中央の直轄地「屯倉《みやけ》」として差し出した――。

奈良時代にできた『日本書紀』が、史実をどこまで反映しているかは議論があるが、せめぎ合いの一端は、一見仲良く密集する墳丘からもうかがえる。巨大円墳の丸墓山古墳があるのは、最初に築かれた稲荷山古墳のすぐ西だ。古墳の正面が北西だとすれば「稲荷山の眺望を遮って、台地のへりに無理やりのように築かれているんです」と関さん。先代にどんな恨みがあったのか。丸墓山の被葬者を、跡目争いに敗れた小杵とみる説もある。

鉄剣が出土した稲荷山の後円部に登る。周囲に関東平野を見晴らしつつ、西は高さ一七・二メートルの丸墓山が眼前に。古墳自体が人格を持つように見え、武蔵の歴史の深さを知った。

（清岡央／二〇一九年七月二三日）

アクセス

埼玉古墳群、県立さきたま史跡の博物館へは、秩父鉄道行田市駅から車で約10分、ＪＲ吹上駅から同約15分。

◆「武蔵国造の乱」とその時代

439年	中国が南北朝時代に
478年	倭王武《わおうぶ》（雄略天皇）が中国・宋に遣使
527年	筑紫君《つくしのきみ》磐井が新羅《しらぎ》と結んで反乱を起こす（磐井の乱）
534年	武蔵国造の乱
538年	仏教伝来（552年説も）
562年	朝鮮半島で新羅が伽耶《かや》を滅ぼす
587年	蘇我馬子《そがのうまこ》が物部守屋《もののべのもりや》を倒す
589年	隋が中国統一

◆解く　国造の争乱　強化された大和の地方支配

若狭徹《わかさとおる》　明治大学准教授

『日本書紀』が伝える武蔵国造の争いは、かつては多摩川流域の南武蔵と埼玉周辺の北武蔵の対立とも言われました。最近では研究が進み、北武蔵内の争いとする説が有力です。

国造制がいつ始まったかは不明ですが、どこかの時点で武蔵国造と呼ばれる歴代首長の墓域が埼玉古墳群なのは確かでしょう。私は二子山古墳の被葬者は『日本書紀』が「使主」と伝える人物、丸墓山古墳の被葬者は「小杵」と考えています。いずれも六世紀前半に築かれ、二子山は大和王権から格の高い前方後円墳が認められたのに対し、丸墓山は認められず円墳としたのでしょう。ちなみに六世紀前半の関東地方で最大の前方後円墳、七輿山《ななこしやま》古墳（群馬県藤岡市）の被葬者が、「小熊」と伝えられる人物と考えています。七輿山の後、近くに大型前方後円墳がなくなるのは、争いで、勢力がそがれたからでしょう。

争いを経て制度化されていった「国造」と「屯倉」は、中央との関係を示すブランドとなり、国造は王権を支える代わりに地方で支配力を強め、屯倉には中央から先端の文物や技術が導入されました。同じ頃に九州で起きた「磐井《いわい》の乱」とともに、大和の地方支配強化を物語る出来事と言えます。

（二〇一九年七月二三日）

聖なる木　大化改新の出発点

4 日本書紀　奈良県明日香村　飛鳥寺

日本の古代史上、最も知られている場面の一つだろう。

法興寺とはすなわち飛鳥寺《あすかでら》（奈良県明日香村）で、蘇《そ》我馬子《がのうまこ》が発願《ほつがん》した国内最古の寺院だ。本尊は鞍作鳥《くらつくりのとり》に造らせたという飛鳥大仏である。

境内の西側には、かつて槻《つき》の木が生えた広場があった。槻は古来、聖なる木とされるケヤキだ。さらに西の向こうには蘇我蝦夷《えみし》、入鹿《いるか》の親子が邸宅を構えた甘樫丘《あまかしのおか》の緑陰を望む。そのふもとを飛鳥川が流れている。

槻の木の広場で蹴鞠《けまり》の会が催されたのは六四四年。中大兄皇子《なかのおおえのみこ》が鞠を蹴ると、鞋《くつ》が飛び、中臣鎌足《なかとみのかまたり》が拾って差し出したことが二人の出会いのきっかけだったと、『日本書紀』は記す。親交を深めた二人は翌六四五年、乙巳《いつし》の変を起こし、蘇我氏本宗家《ほんそうけ》を滅亡に追い込む。以後、ともに政治の中核を担い、「大化改新」という名の大改革に乗り出す。

実にドラマチックな展開である。その出発点となった広場はどのような空間だったのか。

中臣鎌子連《なかとみのかまこむらじ》は（中略）たまたま、中大兄《なかのおおえ》が法興寺《ほうこうじ》の槻《つき》の木の下で、蹴鞠《けまり》の催しをされたときの仲間に加わって、中大兄の皮鞋《みくつ》が、蹴られた鞠と一緒にぬげ落ちたのを拾って、両手に捧げ進み、跪《ひざまず》いて恭《うやうや》しくたてまつった。中大兄もこれに対して跪き、恭しくうけとられた。これから親しみ合われ、一緒に心中を明かし合ってかくすところがなかった。

『日本書紀　下　全現代語訳』（宇治谷孟、講談社学術文庫）より

日本書紀《にほんしょき》　奈良時代の七二〇年に完成した最古の歴史書で、天武《てんむ》天皇の皇子、舎人《とねり》親王らが編纂《へんさん》した。「日本紀《にほんぎ》」とも呼ばれる。漢文表記で、神代から飛鳥時代の持統《じとう》朝までの出来事を編年体で叙述し、中国、朝鮮の歴史書を参考にした部分もみえる。原本はなく、平安時代初期の写本が最古のものとされる。

飛鳥寺（右下）周辺の夕景。寺と甘樫丘（中央付近の森）との間の農地に槻の木の広場があった（小型無人機から）＝河村道浩撮影

遺構が見つかったのは、二〇〇八～一七年度の発掘調査だ。飛鳥寺の西側の農地で、石をびっしり敷き詰めた広場が姿を現した。広さは推定で南北二〇〇メートル、東西一四〇メートル。サッカーのフィールドのほぼ四面分に相当する。

境内では過去、広場との境で西門跡が確認されている。調査では、西門から約四〇メートル西側で、石敷きのない五メートル四方の空白域が見つかった。そこにケヤキの巨木が生えていた可能性があるという。

「整然と管理された広場で、飛鳥の都の中心的空間だったことがわかる。広場にそびえ立つケヤキは、ここが世界の中心であることを人々に示す効果もあったのでは」。発掘を担当した明日香村教育委員会の長谷川《はせがわ》透《とおる》・主任技師はそう語る。

広場は多目的に利用されたようだ。『日本書紀』には、六七二年の壬申《じんしん》の乱で大友《おおともの》皇子《みこ》側が軍営を構えたとある。六七七年には種子島の人らを、六八八年には蝦夷《えみし》の男女をもてなす饗宴《きょうえん》の場となった。

都の中心施設だったことは間違いなかろう。一本のケヤキがランドマークのようにそびえ立つ姿が想像できる。

発掘調査で出土した石敷きの遺構。この付近にケヤキの巨木が生えていた可能性がある。後方は飛鳥寺（2013年１月撮影）

ケヤキは四方いっぱいに枝葉を伸ばし、大地を覆うような樹相を持つ。その姿は王権の支配力を示すものと考えられ、神聖視された。中大兄皇子と中臣鎌足が出会ったのは、そうした聖なる木の下だ。しかも偶然催された蹴鞠の会が二人を結びつけた。この舞台設定をどう読むか。朝鮮半島の新羅《しらぎ》ではほぼ同じ頃、のちに王となる金《きん》春秋《しゅんじゅう》と重臣の金庾信《ゆしん》が、蹴鞠を通じて出会う物語が存在する。『日本書紀』に投影された可能性も指摘されている。

中臣氏つまり藤原氏にとってはこの後一〇〇〇年以上、廷臣として君臨するためのデビューの場面だ。『日本書紀』が藤原氏の台頭の時代に編纂されたことを踏まえれば、多少の味付けがあっても不自然ではない。

石敷きの広場はすでに埋め戻され、のどかな農地が広がる。古《いにしえ》の記憶は、大地の下に眠り続けている。

（赤木文也／二〇一九年八月二七日）

アクセス

飛鳥寺は、近鉄橿原神宮前駅東口から明日香周遊バスに乗り、「飛鳥大仏」下車すぐ。タクシーでは同駅東口から約10分。

◆大化改新と『日本書紀』の時代

643年　蘇我入鹿、山背大兄王《やましろのおおえのおう》を滅ぼす
644年　中大兄皇子（後の天智天皇）と中臣鎌足が出会う
645年　乙巳の変で蘇我氏本宗家が滅亡
646年　大化改新の詔
663年　白村江《はくそんこう》の戦いで倭《わ》・百済《くだら》連合軍が、唐《とう》・新羅《しらぎ》連合軍に大敗
669年　中臣鎌足没
671年　天智天皇没
672年　壬申の乱で、広場に軍営が置かれる。飛鳥浄御《きよみ》原《はらのみや》宮に遷都
676年　新羅が朝鮮半島統一
695年　広場で隼人《はやと》の相撲が行われる
720年　『日本書紀』完成

◆解く　蹴鞠の出会い　鎌足登場を際立たせる意図か

辰巳《たつみ》和弘《かずひろ》　元同志社大学教授

歴代の王宮にはケヤキにまつわる伝承が数多くあります。いずれもケヤキのそばに宮殿が営まれており、古くから王権の象徴と考えられてきたのでしょう。『日本書紀』に登場する「飛鳥寺の西の槻の木の下」は蹴鞠や軍営、饗宴の場として知られています。

さらに、乙巳《いっし》の変の直後、孝徳《こうとく》天皇らが群臣を集めて、天皇への忠誠を誓盟《せいめい》させた場所としても、よく取り上げられています。しかし、この場所は「大槻《おおつき》の木の下」と記されているだけで、「飛鳥寺の西」とは書かれていません。

「大槻」が『日本書紀』に登場するのは、この誓盟のほかに六四九年、謀反の嫌疑のかかった蘇我倉山田石川麻呂《そがのくらやまだのいしかわまろ》が難波から大和に逃げる途中に立ち寄った「今《いま》来《き》の大槻」だけです。この大槻は下ツ道《しもつみち》と山田道《やまだみち》が交わる地点（近鉄橿原《かしはら》神宮前駅の東）に生えていたとみられるケヤキです。孝徳天皇の時の誓盟はここで行われたと私は考えています。

『日本書紀』は多くの謎があり、丁寧に読み込むことが必要です。有名な蹴鞠の出会いも、中臣鎌足の登場を際立たせるための政治的意図を持った説話の可能性があります。その背景や本質をどう読むかが大事です。（二〇一九年八月二七日）

ヤマトタケル「天皇」にして征服者

倭武《やまとたける》の天皇《すめらみこと》、東《あずま》の夷《えみし》の国を巡《めぐ》り狩《みそな》はして、新治《にいばり》の県《あがた》を幸過《すぎい》でましに、国の造《みやつこ》毗那良珠《ひならす》の命《みこと》を遣はしたまひて、新たに井を掘らしめしに、流るる泉浄《きよ》く澄み、尤好愛《いとめずら》しかりき。時に、乗輿《みこし》を停《とど》めて、水を翫《め》で手を洗ひたまひしに、御衣《みけし》の袖、泉に垂れて沾《ひ》ぢぬ。すなはち袖を漬《ひた》す義《こころ》に依《よ》りて、この国の名と為《な》す。

『風土記 新編日本古典文学全集5』（植垣節也校注・訳、小学館）より

常陸国《ひたちのくに》風《ふ》土《ど》記《き》 『風土記』は、奈良時代の七一三年、朝廷が各国に命じて編纂《へんさん》させた地誌。現存するのは常陸、播磨《はりま》、出雲《いずも》、豊後《ぶんご》、肥前《ひぜん》の五国で、他の書物に内容が引用された「逸文《いつぶん》」だけが残る国もある。現在の茨城県にあたる常陸の『風土記』は、海辺で男女が夜明けとともに松の木に姿を変えてしまう説話や、水田開発を巡る人と「神」の争いなど、民間伝承を豊富に伝えている。

5 常陸国風土記 茨城県稲敷市 浮島

茨城県稲敷《いなしき》市の浮島《うきしま》は、干拓で地続きになるまで、霞ヶ浦に浮かぶ島だった。東西約七・二キロ、南北約一・五キロと細長く、『常陸国風土記』に「四面《よも》絶海《うみ》にして、山と野と交錯《まじ》れり」と描写されている。

浮島を貫く県道を走る車の中で、案内してくれた考古学者の茂木雅博《もぎまさひろ》・茨城大学名誉教授が言った。「この真下に祭祀《さいし》遺跡がありました。三〇年ほど前、道路を作るのに先だって発掘されたんです」。鏡、勾玉《まがたま》、鍬先《くわさき》などを模した土製品《どせいひん》、ボタンのような石製品《せきせいひん》、鏃《やじり》などの鉄製品といった五～六世紀の遺物が、大量に出土したという。古代の「まつり」が行われた全国の遺跡で、共通して出土している品々だ。

すぐそばで県道をそれて、軽自動車一台がようやく通れる細道に入ると、小さな社《やしろ》があった。尾島神社だ。「（島に）九つの社在り」と『風土記』に記された一つとも言われる。

古代の王権は、異界と接する地でまつりを行った。玄

茨城県稲敷市の浮島・和田岬。岬からは霞ヶ浦が見渡せる（小型無人機から）＝鈴木竜三撮影

界灘に浮かぶ世界遺産・沖ノ島もそう。茂木さんは、「古墳時代、蝦夷《えみし》の世界と接していた常陸で、浮島は『西の沖ノ島、東の浮島』と言える存在だった」と考えている。沖ノ島の祭祀が宗像《むなかた》大社につながったように、浮島の近くには、鹿島神宮（茨城県鹿嶋市）と香取神宮（千葉県香取市）が営まれた。

大和王権の東征に絡んで興味深いのは、『常陸国風土記』の随所に、古代の英雄ヤマトタケルが「天皇」として登場することだ。冒頭には、「倭武《やまとたける》の天皇《すめらみこと》」が井戸の清水に袖をひたしたことが「ひたち」のいわれになったという言い伝えが載る。

ヤマトタケルは、『古事記』と『日本書紀』では、東征の帰途で早世した皇子として描かれた。はるか東で「天皇」と語り継がれたのは、かつて中央に、現在伝わるのと異なる天皇の系譜があったからとみる研究者もいる。

征服者の顔ものぞく。「倭武の天皇、巡り行《おわ》しまして この郷《さと》を過《よぎ》りたまひしに、佐伯《さえき》、名を鳥日子《とりひこ》と曰《い》ふものありき。その命《みこと》に逆《さか》ひしに縁《よ》りて、すなはち略《ころ》殺したまひき」。『風土記』は、大和に従わない人々を「土蜘蛛《つちぐも》」「賊《あた》」などのほか「佐伯」と記し、容赦なく討伐されたと伝える。

霞ヶ浦周辺は、金銅の冠が出土した三昧塚《さんまいづか》古墳（茨城県行方《なめかた》市）を始め、全国有数の前方後円墳の密集地だ。

祭祀遺跡が見つかった場所の近くに立つ尾島神社

様々な古墳の形がある中、前方後円墳は中央との強いつながりを示すと言われる。「前線基地として、それだけ政治的に重要だったからでしょう」と茂木さん。浮島には早くも四世紀、前方後方墳の原一号墳が、霞ヶ浦を望む丘に築かれた。『風土記』が編まれた頃、前線は東北地方へ移っていたが、記憶は古老が口伝えにしていたのだろう。

霞ヶ浦に突き出た和田岬で車を降りた。北西には真っ青な湖越しに、筑波山が見える。人々が時に戦《いくさ》に、時に交易に行き来した水面は、秋空の下、あまりにのどかだった。

（清岡央／二〇一八年一〇月九日）

アクセス

首都圏中央連絡自動車道・稲敷インターチェンジから、尾島神社や和田岬まで車で約30分。

◆『常陸国風土記』とその時代

645年	大化改新
658年	阿倍比羅夫《あべのひらふ》が遠征、蝦夷征討
663年	白村江《はくそんこう》の戦い
676年	新羅《しらぎ》が朝鮮半島統一
710年	平城京遷都
712年	『古事記』成立
	中国・唐で玄宗が即位
713年	『風土記』編纂の詔
720年	『日本書紀』成立
741年	国分寺建立の詔

◆解く　多数の伝承　東国を知る手がかり

三浦佑之《みうらすけゆき》　千葉大学名誉教授

『風土記』の中でも『常陸国風土記』の特徴は、「古老《ふるおきな》の曰《い》へらく」と語られる、土地の伝承が多いことです。おそらく中世頃、現在伝わる形の写本ができた際、他の部分は省略されたのでしょう。そして、大和王権の進出、遠征をうかがわせる記事が多い。「賊を焼き滅ぼした」とか、血みどろの戦いを思わせる記述です。西の九州などに比べ、中央に服属した時期が遅く、『風土記』が編まれた頃も記憶が新しかったせいかもしれません。

常陸は対蝦夷《えみし》政策の拠点となり、前線は次第に北へ向かいました。「倭武《やまとたける》の天皇《すめらみこと》」は、その象徴として描かれたのでしょう。私は、ヤマトタケルが中央でもある時期まで王権を継いだ人物として伝わっていたと考えています。でなければ、都から派遣された国司が「天皇」と『風土記』に記すはずがない。

東国の『風土記』で残っているのは常陸だけ。中央から離れた東の様相を知る上で、非常に貴重です。伝承はお話だからウソっぽい、ということはありません。語られたのには何らかの背景があったはず。それを情報としてどう読み出すかです。地理学や植物学など様々な分野と共同研究すれば、まだまだ見えるものは大きいはずです。

（二〇一八年一〇月九日）

倭の五王　南朝に権威を求めて

封国《ほうこく》（我が国）は偏遠《へんえん》にして藩を外に作《な》す。昔自《よ》り祖禰《そでい》（祖先）躬《みずか》ら甲冑《かっちゅう》を擐《めぐ》らし（身に着け）、山川を跋渉《ばっしょう》し、寧処《ねいしょ》するに遑《いとま》あらず（落ち着くひまもなかった）。東のかた毛人《もうじん》五十五国を征し、西のかた衆夷《しゅうい》六十六国を服し、渡りて海の北の九十五国を平らぐ。

『倭国伝』（藤堂明保ほか全訳注、講談社学術文庫）より

宋書倭国伝《そうじょわこくでん》　『宋書』は中国南北朝時代の南朝・宋（四二〇～四七九年）の歴史書で、沈約《しんやく》（四四一～五一三年）が四八八年に完成させた。「倭国伝」は通称で、正確には「夷蛮伝東夷条《いばんでんとういじょう》」。日本に関するまとまった中国側の記録としては、三世紀末の『魏志倭人伝《ぎしわじんでん》』に次いで古い。正式な国書（外交文書）を基にし、日本側にはない叙述もあるため、史料的価値は極めて高い。宋と交渉した「倭の五王」の記述がよく知られ、謎の多い五世紀について知るための手がかりとなっている。

6 宋書倭国伝　大阪府羽曳野市　高鷲丸山古墳

東アジア全体が激動の渦に巻き込まれていた。五世紀、中国は南北朝、朝鮮半島は高句麗《こうくり》、百済《くだら》、新羅《しらぎ》に分かれて争った。畿内の王権により統一された倭《わ》（日本）も半島に出兵した。

この世紀、倭王五人が次々と南朝に使者を送り、称号・地位を求めた。そのうち最後の倭王の名は、中国の正史『宋書倭国伝』に「武《ぶ》」と記される。

「興《こう》死す、弟の武立つ。自ら使持節《しじせつ》・都督《ととく》倭百済新羅任《にん》那《な》加《か》羅《ら》秦韓《しんかん》慕韓《ぼかん》七国《しちこく》諸軍事・安東《あんとう》大将軍・倭国王と称す」

「武」は、倭のほか、半島の百済、新羅、任那、加羅、秦韓、慕韓の各国（地域）の軍政長官を自称し、宋に認めてもらおうと上表文《じょうひょうぶん》を出した。冒頭の引用「封国は偏遠にして……」はその時、武威を誇示したものだ。

上表の結果、百済だけが除かれ「使持節・都督倭新羅任那加羅秦韓慕韓六国《りっこく》諸軍事・安東大将軍・倭王」に任命された。

宮内庁が雄略天皇陵と定めている円墳の高鷲丸山古墳。すぐ近くに住宅が立ち並ぶ（小型無人機から）＝河村道浩撮影

中国吉林《きつりん》省に立つ好太王《こうたいおう》碑（広開土王《こうかいどおう》碑とも。四一四年）には、高句麗が倭の遠征軍を破ったと刻まれている。朝鮮半島で力を伸ばそうとする倭は、高句麗に対抗するための権威を求めたのだった。

「武」とは誰なのか。

一九七八年、埼玉県の稲荷山《いなりやま》古墳出土の鉄剣に銘文があることが判明。五世紀の「辛亥《しんがい》年（四七一）」の年号や大王（天皇）「獲加多支鹵《わかたける》」の名が読み取れた。また、『日本書紀』は雄略《ゆうりゃく》天皇の和風の名を「大泊瀬《おおはつせ》幼武《わかたけるの》命《みこと》」としており、「武」の字が含まれる。これらから、『宋書倭国伝』の「武」は雄略天皇だと考えるのが定説だ。

残る四人の倭王は「讃《さん》」「珍《ちん》」「済《せい》」「興《こう》」。一般に仁徳《にんとく》、反正《はんぜい》、允恭《いんぎょう》、安康《あんこう》の各天皇と解釈されている。

五世紀は、来年（二〇一九）の世界遺産登録をめざす百舌鳥《もず》・古市《ふるいち》古墳群（大阪府堺、羽曳野《はびきの》、藤井寺の三市）に、巨大前方後円墳が続々と造られた時代だ。さらに、小さな古墳に大量の鉄製武器や武具が副葬され、戦争の時代だったことがうかがわれる。

「武」は上表文でこうも述べる。「今に至りて、甲を練り兵を治め（武器をととのえ、兵を訓練して）、父兄の志を申《の》べんと欲す」。記紀《きき》には、雄略が有力豪族を討伐し、神とも渡り合う姿が描かれている。武勇の大王として特別視されたようだ。

現在、雄略天皇陵として宮内庁に管理されているのは、羽曳野市の直径七五メートルの円墳・高鷲丸山《たかわしまるやま》古墳と近接する方墳だ。雄略陵に関する史料に詳しい大阪府松原市文化財保護審議会委員の西田孝司《にしだたかし》さんは、高鷲丸山古墳＝雄略陵説を支持し、「雄略は巨大前方後円墳という大王墓のスタイルを改め、新しい墓をつくろうとした」とみる。

一方、近くの河内大塚山《かわちおおつかやま》古墳（全長三三五メートル）や岡《おか》ミサンザイ古墳（同二四五メートル）などを雄略陵とする説もある。一帯を歩くと、幾つもの大きな墳丘が目に入ってくる。古代に画期をなした大王はどこに眠るのだろうか。

（関口和哉／二〇一八年一一月二七日）

追記　百舌鳥・古市古墳群は二〇一九年七月六日、ユネスコ世界遺産委員会で世界遺産への登録が決定された。

古墳時代の鉄製甲冑の復元・複製品（大阪府河南町の府立近つ飛鳥博物館で）

アクセス
高鷲丸山古墳は近鉄高鷲駅、河内大塚山古墳は恵我ノ荘《えがのしょう》駅、岡ミサンザイ古墳は藤井寺駅から、それぞれ徒歩約10分。

◆『宋書倭国伝』とその時代

420年	中国で宋が興る
421年	倭王讃が宋に朝貢する
438年	倭王讃が没し、弟の珍が立つ。珍が宋に朝貢
439年	北魏が華北を統一
443年	倭王済が宋に朝貢する
462年	宋が、倭王の世子《せいし》・興を安東将軍倭国王とする
478年	これより先、倭王興が没し、弟の武が立つ。武が遣使上表する
479年	宋に代わり斉《せい》（南斉）が興る。倭王武を鎮東大将軍とする

◆解く　外交文書に基づき高い信憑性

一瀬《いちのせ》和夫《かずお》　京都橘大学教授

『宋書倭国伝』は正式な外交文書に基づく同時代史料で、考古学の成果とも矛盾がなく、信憑《しんぴょう》性は疑いようのないところです。ですが、『日本書紀』には、倭の五王をはじめ中国・南朝との通交記録がなく、『書紀』の編纂《へんさん》者は、知らなかったのか、意識的だったのか、『宋書倭国伝』を全く無視しています。

この史書に従えば、天皇の系譜が途絶え、万世一系が揺るぐと解釈する説もあるので、古代の編纂者もそのために無視したのかもしれません。倭の五王がどの天皇にあたり、どの古墳に葬られているか、論争があってしかるべきなのに、江戸時代にもまともに取り扱われませんでした。学問的に検討されだしたのは明治以降です。戦後は、極めて客観的な記述で史実が書かれているという評価が固まりました。考古学的にも、讃が遣使した年代と仁徳天皇陵古墳（大山《だいせん》古墳）の被葬者の生存年代が一致する可能性が高そうです。また、武は事績が最も詳しく、上表文が残っているところに意義があります。

こうした人物の墓は巨大だったと思われます。私は、築造時期や規模から、河内大塚山古墳が真の雄略天皇陵だと見ています。いずれにせよ、倭の五王の何人かが百舌鳥・古市古墳群に葬られているのは間違いないでしょう。

（二〇一八年一一月二七日）

太子が経典を講じた〝聖地〟

7　上宮聖徳法王帝説　奈良県明日香村　橘寺

王命《みこのみこと》、幼少にして聡敏《そうびん》、智有り。長大の時に至り、一時に八人の白言《はくげん》を聞きて、其《そ》の理を弁ず。又《また》一を聞きて八を智《さと》る。故《ゆえ》に号して厩戸豊聡八耳命《うまやとのとよとやつみみのみこと》と曰《い》う。池辺《いけのへ》天皇、其の太子聖徳王、甚だ之《これ》を愛念し、宮の南の上の大殿《おおとの》に住《す》わしむ。故に上宮王と号する也《なり》。

『上宮聖徳法王帝説』（東野治之校注、岩波文庫）より

上宮聖徳法王帝説《じょうぐうしょうとくほうおうていせつ》　聖徳太子の現存最古の伝記。五つの部分からなり、太子の系譜、太子の事績、法隆寺金堂釈迦三尊像や天寿国繡帳《てんじゅこくしゅうちょう》の銘文の引用と注釈、などを記す。最も古い部分は飛鳥時代末の七〇一～七〇八年以前に書かれたとされる。太子の伝記はほかに『上宮太子伝』『上宮聖徳太子伝補闕記《ほけつき》』『聖徳太子伝暦《でんりゃく》』などがあるが、最も古い伝承を含み、日本の古代史を考える上でも基本史料の一つとされている。

これほど多くの名を持つ歴史上の人物がいるだろうか。上宮太子、厩戸《うまやと》皇子、厩戸王、厩戸豊聡耳《とよとみみ》聖徳法王、そして聖徳太子……。生涯は伝説と謎に包まれる。「実在しなかった」。そんな極端な説すらある所以《ゆえん》だ。

聖徳太子は五七四年、用明《ようめい》天皇と穴穂部間人皇女《あなほべのはしひとのひめみこ》の長男として生まれ、六二二年に没した。太子の記録や伝承を集めて平安時代に成立したとされる伝記『上宮聖徳法王帝説』は太子が聡明《そうめい》だったことを強調。「嶋大臣《しまのおおおみ》と共に天下の政を輔《たす》けて」、冠位十二階の制定など推古《すいこ》天皇の政務を代行したことを述べている。「嶋大臣」とは大豪族・蘇我馬子《そがのうまこ》。太子にとって大伯父であり、妻の父でもあった。

太子は日本の仏教の礎《いしずえ》を築いた。「太子七寺を起《た》つ」と記され、四天王寺（大阪市天王寺区）、法隆寺（奈良県斑鳩町《いかるがちょう》）、中宮寺（同）に次いで挙がっているのが、橘寺《たちばなでら》（奈良県明日香村）だ。高内良輯《たかうちりょうしゅう》住職は「橘という地名のこの場所にあった橘宮で聖徳太子が生まれ、後にその

聖徳太子の生誕地であると伝えられている橘寺（左奥）。門前に立つ石碑周辺には実りの秋を迎えた田が広がる（10月３日、明日香村で）＝河村道浩撮影

御殿を推古天皇が太子に命じて改造させ、寺を造ったと伝わります」と語る。寺伝では、橘宮は太子の祖父、欽明《きんめい》天皇の別宮だったというが、父、用明天皇の宮ではなかったか。門前には「聖徳皇太子御誕生所」と刻まれた石碑が立つ。

実は、生誕地は諸説あり、橘寺と断定されているわけではない。だが、一帯で出土した瓦や文献などからみて、遅くとも七世紀後半には創建され、古くから太子と深い縁のある寺として特別視されていたようだ。

今までの調査で、古代の橘寺は塔と金堂、講堂が一直線に並ぶ四天王寺と同じ伽藍《がらん》配置だったことがわかっている。しかし、古代寺院では通常、南向きに造る堂塔が、橘寺では東向きだった。塔の柱を立てた礎石「塔心礎《とうしんそ》」は、中心の心柱《しんばしら》の周りに添え木三本を立てた跡があり、柱の跡を全体としてみると橘の花にも例えられる珍しい形だ。

狭い土地に堂塔の向きを変えてまで寺を建てたこと、その寺の塔心礎に特別な形を選んだことは、この場所が〝聖地〟だったためという見方がある。

一帯では七世紀前半の瓦も出ている。この時期、瓦を使う建築は仏堂などに限られた。『上宮聖徳法王帝説』に、「推古天皇が聖徳太子に請い、仏教経典の『勝鬘《しょうまん》経《ぎょう》』を講じてもらったところ、僧侶のようだった」という出来事が載っており、経典の講義が行われた仏堂の跡に橘寺を建てた可能性がある。

橘寺境内にある塔心礎。くぼんだ部分が、橘の花のようだともいわれる

飛鳥川を挟んだ対岸は、用明天皇と縁の深い豪族・蘇我氏の支配地だったという場所で、蘇我馬子の墓とされる石舞台《いしぶたい》古墳がある。明日香村教育委員会文化財課の高《たか》橋幸治《はしこうじ》主査は「橘寺の辺りも含めて川の両岸が蘇我氏の支配地だったのではないか。用明天皇の宮殿跡に橘寺が造られたという話には真実味がある」と話す。

「橘」の古名は「非時香菓《ときじくのかくのこのみ》」。理想郷に実る不老長寿の薬という。「世間は虚仮《こけ》、唯仏《ただほとけ》のみ是《こ》れ真《まこと》なり」（全ての現象は仮のもので、ただ仏だけが真実だ）と、永遠の真理として仏法を説いた聖徳太子の生誕地の名にふさわしい。

（関口和哉／二〇一八年一〇月一六日）

アクセス

橘寺は近鉄橿原《かしはら》神宮前駅東口からタクシーで約10分、岡寺駅から徒歩で約30分。奈良県斑鳩町の法隆寺から車で約50分。

◆『上宮聖徳法王帝説』とその時代

581年	中国で隋建国	604年	憲法十七条を制定
587年	蘇我馬子が聖徳太子らと物部守《もののべのもり》屋《や》を滅ぼす	605年	聖徳太子、斑鳩宮に移る
593年	聖徳太子が皇太子、摂政となる	607年	遣隋使を派遣
601年	聖徳太子、斑鳩宮を建てる	611年	聖徳太子、『勝鬘経義疏』を著す
603年	冠位十二階を制定	618年	隋が滅び、唐が興る
		622年	聖徳太子没す

◆解く　実像覆い隠された国づくりの象徴

清水昭博《しみずあきひろ》　帝塚山大学教授

「聖徳太子」とは死後の追号であり、信仰上の尊称なので、「聖徳太子は実在したか」を論じるのはあまり意味がない。むしろ、なぜ古代の皇子が一〇〇〇年以上を経た今日に至るまで、厚い信仰を集めているのかを考えたい。

『上宮聖徳法王帝説』をはじめとする文献や関連の遺跡から、聖徳太子の没後、数十年もたたずに太子への信仰が生まれたのは明らかだ。この文献以降、多くの伝記が書かれたが、次第に伝説が加えられ、実像は覆い隠された。

聖徳太子が仏教に深く帰依し、仏法興隆に尽くしたことは間違いない。奈良時代、仏教を基本に据えた国づくりの象徴とされたのが亡き聖徳太子だった。また、皇位に就ける立場だったと考えられるのに就かなかったため、悲運だったと見えることも、伝説が生まれる素地にあったかもしれない。

『上宮聖徳法王帝説』には、伝説だけではなく史実が反映されていると評価できる。読み込んで記述の虚実を見極め、併せて同時代の遺跡などとつき合わせて検証していくことで、聖徳太子の実像は鮮明さを増すだろう。

（二〇一八年一〇月一六日）

大国と渡り合った飛鳥人

8 隋書倭国伝　奈良県明日香村　向原寺

開皇《かいこう》二十年、倭王あり、姓は阿毎《あめ》、字《あざな》は多利思比孤《たりしひこ》、阿輩雞弥《おおきみ》と号す。使を遣わして闕《けつ》（宮門）に詣《いた》る。上《しょう》、所司をしてその風俗を訪《と》わしむ。使者言う、「倭王は天を以《もっ》て兄となし、日を以て弟となす。（後略）」と。

『新訂　魏志倭人伝・後漢書倭伝・宋書倭国伝・隋書倭国伝』
（石原道博編訳、岩波文庫より）

隋書倭国伝《ずいしょわこくでん》　中国・唐の魏徴《ぎちょう》（五八〇～六四三年）らが七世紀にまとめた歴史書『隋書』全八五巻のうち、巻八一にある「東夷伝《とういでん》」の一部。六〇〇年の遣隋使は日本の史料には見えず、かつては間違いだったという説もあった。六〇七年の遣隋使は『日本書紀』にも記録があり、小野妹子《おののいもこ》が携えたとみられる国書の「日出《ひい》ずる処《ところ》の天子《てんし》、書を日没する処の天子に致す」という文言が、対等の関係を主張したとして煬帝《ようだい》の不興をかったことで知られる。

里山と田畑の新緑がまばゆい。奈良県明日香村に広がるのどかな景色はどこか懐かしい。だが地下には、約一四〇〇年前に小さな島国が波濤《はとう》を越えて大国と渡り合った記憶が眠る。

甘樫丘《あまかしのおか》（標高一四八メートル）の北麓に向原寺《こうげんじ》が立つ。本堂わきに屋根で覆われた四メートル四方の穴があり、底をのぞき込むと石敷きが見える。一九八五年の発掘で出土した豊浦宮《とゆらのみや》跡とされる。最初の女帝、推古《すいこ》天皇（五五四～六二八年）が五九二年に即位した場所だ。以来、飛鳥（明日香村）に王宮が次々営まれる。

推古天皇の事績に挙げられるのが、小野妹子《おののいもこ》を中国・隋に派遣した遣隋使。中国の正史『隋書倭国伝』に「大《たい》業《ぎょう》三年（六〇七）、その王多利思比孤《たりしひこ》、使を遣わして朝貢す」とある。

中国側の記録では「開皇二十年（六〇〇）」にも倭（日本）王が隋の初代皇帝・文帝《ぶんてい》に使者を送っているのに、なぜか日本側の記録にはない。同村教育委員会文化財課

のどかな田園風景を夕日が照らす。小墾田宮の遺構がこの一帯に埋もれている可能性があるという（小型無人機から）＝尾賀聡撮影

長の相原嘉之《あいはらよしゆき》さんは「隋と自分の国とのあまりの違いに、大きな衝撃を受けたからでは」と想像する。

『隋書倭国伝』は、使者が倭王について、政務を夜明け前に執り、夜明けとともにやめると伝えたところ、文帝から「大いに義理なし（筋道が通らない）」と改めるように言われたと記す。隋との違いは、それだけではなかった。六〇〇年以降、冠位十二階、憲法十七条と次々に新施策が打ち出される。急速な国家体制の整備が、帰国した遣隋使によってもたらされた衝撃の大きさを如実に物語る。

不思議なのは当時、女帝の推古の治世だったにもかかわらず、倭王の名が『隋書』に、男性とみられるアメノタリシヒコと書かれていることだ。誤りなのか、天皇の代理を務めた厩戸皇子《うまやとのみこ》（聖徳太子）を指すのか。

当時の感覚だと、女帝は隋に侮られるおそれがあるので、男王の名を伝えたとする見方がある。実際のところはわからないが、外交上の懸命な駆

推古天皇の豊浦宮の石敷きとみられる遺構（明日香村の向原寺で）

け引きが続いたのだろう。

遣隋使への答礼使、裴世清《はいせいせい》が六〇八年、飛鳥を訪れる。倭王は歓迎する。「我れ聞く、海西に大隋礼義の国ありと。故に遣わして朝貢せしむ。（中略）今故《ことさ》らに道を清め館を飾り、以《もっ》て大使を待つ。冀《ねがわ》くは大国惟新《いしん》の化《か》を聞かんことを」。『隋書』はこの言葉を記録しているが、倭王の性別は伝えていない。

答礼使を迎えた王宮は、六〇三年に遷《うつ》った小墾田宮《おはりだのみや》。大豪族・蘇我稲目《そがのいなめ》の邸宅を改修したとされる豊浦宮に比べ、大規模な建物が整然と並び、後の王宮につながる構造だったと『日本書紀』の記述などから考えられる。場所は特定されていないが、相原さんは「発掘調査が及んでいない、飛鳥寺《あすかでら》北側の広大な空間ではないか」と推定する。

小墾田宮の実態が明らかになれば、大国に伍《ご》そうとした飛鳥人《あすかびと》の国づくりの一端がより鮮明に見えてくるだろう。

（関口和哉／二〇一八年五月一日）

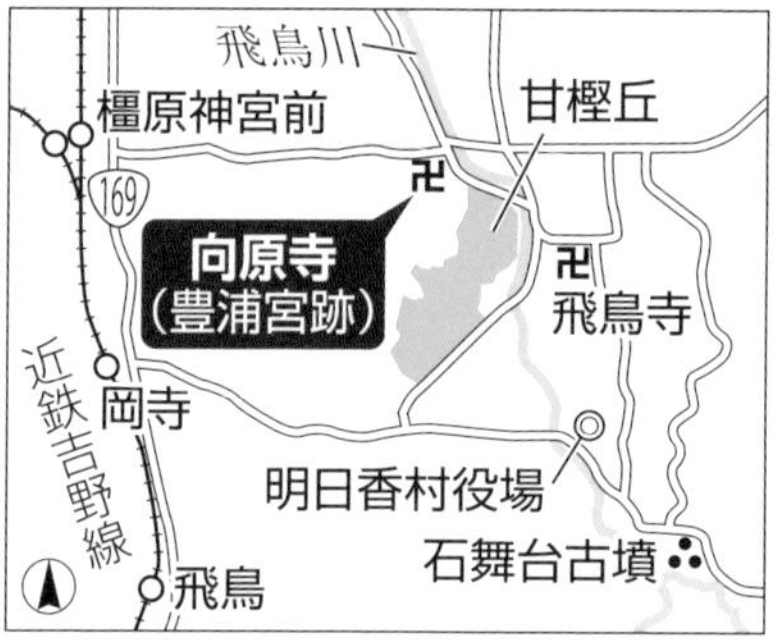

アクセス

向原寺は、近鉄大阪阿部野橋駅、近鉄京都駅から橿原《かしはら》神宮前駅まで特急で40～50分、同駅から車で約10分。

◆『隋書倭国伝』とその時代

589年　隋が中国を統一
592年　最初の女帝、推古天皇が即位
593年　聖徳太子が皇太子、摂政となる
594年　三宝興隆の詔を下す
596年　国内最初の本格寺院である法興寺（飛鳥寺）が完成
603年　冠位十二階を制定
604年　憲法十七条を制定。隋の煬帝が即位
610年　隋に使者を派遣する
612年　隋、高句麗に遠征
618年　隋が滅び、唐が興る
622年　聖徳太子没す
628年　唐が中国を統一

◆解く　律令国家へ　日本の原点を記す

東野治之《とうのはるゆき》　奈良大学名誉教授

中国統一を果たした隋の特色は仏教の尊重でした。仏法興隆を掲げる日本は親しみを覚え、遣隋使を送ったのではないでしょうか。

朝鮮半島の沿岸沿いの航路をとったので、後の遣唐使より危険性が少なく、頻繁に行き来できたようです。『隋書倭国伝』は、かなりの部分が『後漢書《ごかんじょ》』など過去の史書からの引き写しですが、開皇二〇年（六〇〇）以降の記述は、遣隋使らによって得られた最新の情報が盛り込まれています。

お互い通訳を介し、誤解や誤認もあったはずなので、一字一句、全てが正しいという前提で解釈するべきではありませんが、飛鳥時代の外交関係のやりとりの面白さが具体的に伝わってきます。

中国側の史料でありながら、日本側にも同時代の史料があり、つき合わせることができる点で非常に価値が高いと言えます。大きな出来事なのに日本の史料に書かれていないことは、事実として「なかった」のではなく、日本にとって都合が悪いことを記さなかったということでしょう。

様々な記述から、日本が律令国家としての国づくりを始めたことが読み取れます。まさに、「日本の原点」を記しているのです。

（二〇一八年五月一日）

長屋王　謀反の密告を受け自決

9 続日本紀　奈良県奈良市　二条大路南

左京の住人である従七位下《じゅしちいのげ》の漆部造《ぬりべのみやつこ》君足《きみたり》と、無位の中臣宮処連《なかとみのみやこのむらじ》東人《あずまひと》らが「左大臣・正二位《しょうにい》の長屋《ながや》王《おう》は秘《ひそか》に左道《さどう》を学び国家（天皇）を倒そうとしています」と密告した。天皇はその夜、使いを遣わして三関《さんかん》（鈴鹿《すずか》・不破《ふわ》・愛発《あらち》）を固く守らせた。またこのため式部卿《しきぶきょう》・従三位《じゅさんみ》の藤原朝臣宇合《ふじわらのあそんうまかい》（中略）紀《きの》朝臣佐比物《さいもつ》らを遣わして、六衛府《ろくえふ》の兵士を引率して長屋王の邸を包囲させた。

『続日本紀 上 全現代語訳』（宇治谷孟、講談社学術文庫）より

続日本紀《しょくにほんぎ》　八世紀末の成立で全四〇巻。文武《もんむ》元年（六九七）から延暦《えんりゃく》一〇年（七九一）までの出来事が編年体で記されており、奈良時代について研究するときの根本史料とされる。『日本書紀』や『日本後紀《にほんこうき》』、『日本三代実録《にほんさんだいじつろく》』などとともに、古代の六つの公的史書「六国史《りっこくし》」の一つに数えられる。全巻の前半部は学者の菅野真道《すがののまみち》ら、後半部は藤原継縄《ふじわらのつぐただ》らが編集した。

奈良時代に内裏や国家の役所が集まっていた奈良市の平城宮跡（特別史跡）のすぐ近く、市役所や商業ビルが立ち並ぶ市街地の一角に、「長屋王邸跡《ながやおうてい》」と記された案内板がある。古代国家を揺るがした政変「長屋王の変」の舞台となった場所だ。二条大路南という地名は、八世紀の都の大通りにちなむ。

長屋王は太政大臣も務めた高市皇子《たけちのみこ》の長男で、天武《てんむ》天皇の孫だ。大納言だった養老《ようろう》四年（七二〇）、政権のトップだった藤原不比等《ふじわらのふひと》の死去を受け、政府を率いる立場になった。右大臣、左大臣と昇進した。

国家の正史として編纂《へんさん》された『続日本紀』に、長屋王政権の政策が出てくる。耕地を広げる百万町歩開墾《ひゃくまんちょうぶかいこん》計画や、能力を試す期間を挟んで官人を昇進させる制度改革など、律令国家の基礎を固める政策を進めた。

ところが、神亀《じんき》六年（七二九）二月一〇日、中臣東人《なかとみのあずまひと》らが長屋王について「左道を学び国家を倒そうとしています」と密告する。左道とは邪悪な呪《まじな》いとされる。藤

政権の中心人物だった長屋王の運命は突如、暗転した。邸跡は今、市街地の一部。幹線道路に囲まれ、大型の商業ビル（右）が立っている＝河村道浩撮影

原宇合《うまかい》らが兵士を率い、長屋王邸を囲んだ。

翌一一日、中納言の藤原武智麻呂《むちまろ》らが長屋王を尋問。一二日には「長屋王を自殺させた。その妻で二《に》品《ほん》の吉備内親王《きびないしんのう》（元明《げんめい》天皇の娘）、息子で従四位下《じゅしいのげ》の膳夫王《かしわで》・無位の桑田王《くわた》・葛木王《かずらぎ》・鉤取王《かぎとり》らも（中略）死んだ」。一三日、長屋王と吉備内親王を生駒山に埋葬した。

これが「長屋王の変」だ。長屋王が本当に国家に背いたのかは分からない。どんな申し開きをしたかの記録も一切ない。だが、推理の材料はある。

長屋王夫妻と共に自決した四人の王子は皇位継承の候補だったといわれる。光明子《こうみょうし》（不比等の娘）を聖武《しょうむ》天皇に嫁がせ、外戚関係のある天皇を誕生させようとしていた藤原氏から、邪魔者とみなされた可能性がある。

また『続日本紀』は長屋王を「道を誤って悪事があらわれ」と非難する一方、九年後の天平《てんぴょう》一〇年（七三八）の記事で、中臣東人が官人に殺された事件を伝え「東人は長屋王のことを、事実を偽って告発した人物」とする。記述が矛盾している。

奈良文化財研究所の渡辺《わたなべ》晃宏《あきひろ》副所長（古代史）は「長屋王が実際に謀反を起こしたのではないと思います。藤原氏が長屋王の王子を標的にし、聖武天皇も暗黙の了解を与えたのではないでしょうか」と話す。

「長屋王の変」の半年後、光明子は妃《きさき》から皇后になる。天平三年（七三一）、藤原不比等の子である武智麻呂、房前《ふささき》、宇合、麻呂《まろ》の四兄弟が政権中枢に入った体制が固まる。聖武と光明皇后の間に生まれていた娘は後に孝謙《こうけん》天皇となる。しかし、長屋王に代わって権力をつかんだ藤原四兄弟は天平九年（七三七）、天然痘で全員亡くなった。

長屋王邸跡では一九八〇年代に約三万五〇〇〇点の木《もっ》簡《かん》が発掘され、全国の珍味を食し、馬や鶴を飼う豪華な暮らしが明らかになった。謎に満ちた歴史の舞台には今、買い物や食事ができる大型商業施設が立ち、市民のにぎやかな声が響いている。

（渡辺達治／二〇一九年六月一一日）

長屋王が政府首班として力をふるった平城宮の跡地。復元された正門・朱雀門をへて宮外に進むと、長屋王邸跡（右奥の白いビルの一帯）の近辺に出る

アクセス

長屋王邸跡へは、近鉄新大宮駅から西へ徒歩約10分。邸跡から北西に徒歩約10分の距離には平城宮跡歴史公園がある。

◆「長屋王の変」とその時代

676年	長屋王誕生か（異説あり）
710年	藤原京から平城京へ遷都
721年	長屋王、右大臣に就く
724年	元正天皇が聖武天皇に譲位
727年	聖武と光明子（後の光明皇后）の間に男児誕生。翌年死去
729年	長屋王、謀反の疑いをかけられ自決
733年	遣唐使が出発
734年	聖武天皇、写経事業を発願
741年	国分寺建立の詔
747年	大仏の鋳造を開始

◆解く　藤原氏の策略か　正史で名誉回復

寺崎保広《てらさきやすひろ》　奈良大学教授

『続日本紀』の編纂は奈良時代、藤原武智麻呂の子・仲麻呂《なかまろ》が政府の実力者だった時期に始まりましたが、二度にわたる編集作業の中断を挟み、桓武《かんむ》天皇時代、加筆・修正して完成したとみられています。

古代国家では中務省《なかつかさ》に文書類が保管され、『続日本紀』のような正史はそれらに基づいて書かれました。政府として強調したい点はそうする、具合が悪いところは削るということをやっているはずです。それを踏まえ、読み解いていくことが大切です。

「長屋王の変」との関連で気になるのは、神亀四年（七二七）、聖武天皇が光明子との間に生まれた男児（七二八年に死去）を、生後すぐという異例の早さで皇太子にした頃の記述です。お祝いをした顔ぶれに長屋王が入っていません。長屋王と聖武天皇らとの間に、すきま風が吹いていたことを示しているのかもしれません。

天平一〇年（七三八）の記事で、中臣東人のことを、長屋王を誣告《ぶこく》した人物だと記したのは、正史で長屋王の名誉回復をしたということでしょう。東人が単独で誣告するはずはなく、事件の背景に藤原氏の意思があり、それを聖武天皇も容認したと考えられます。

（二〇一九年六月一一日）

10 続日本紀 滋賀県高島市 乙女ヶ池

御璽と鈴を奪われ、仲麻呂敗北

国内最大の湖、琵琶湖の西岸に位置する滋賀県高島市に、乙女ヶ池《おとめがいけ》と呼ばれる面積九ヘクタール弱の湖沼がある。かつて琵琶湖の入り江だった。はるか東方に、琵琶湖を挟んで、日本武尊《やまとたけるのみこと》神話に出てくる伊吹山がそびえる。

木々や民家に囲まれ、水鳥が遊ぶこの場所は、古代国家の正史『続日本紀』にみえる「勝野の鬼江」とされる。天平宝字八年（七六四）に起きた内乱「藤原仲麻呂《ふじわらのなかまろ》の乱」で、仲麻呂が最期を迎えた場所だ。

仲麻呂は慶雲《けいうん》三年（七〇六）に藤原武智麻呂《むちまろ》の次男として生まれた。若くして頭角を現し「性格はさとく、理解が早くて大ていの書物は読んでいた」。叔母で、聖武《しょうむ》天皇の妻の光明《こうみょう》皇后（藤原光明子）から信頼され、政権中枢に入った。政敵のクーデター計画が発覚した「橘奈良麻呂《たちばなのならまろ》の変」（七五七年）で反対派を一掃。右大臣や太政大臣になって専権をふるった。

天平宝字二年（七五八）に即位した淳仁《じゅんにん》天皇は、仲麻

> 押勝《おしかつ》（藤原仲麻呂《ふじわらのなかまろ》）は遥《はる》かに手勢の敗れるのを見て、船に乗って逃げた。官軍の諸将は水陸の両方からこれを攻め、押勝は勝野の鬼江で、精鋭の兵力を尽《つく》して防ぎ戦った。官軍はこれを攻め撃ち、押勝の軍勢は敗れてちりぢりになり、押勝は妻子三、四人と船にのがれ、鬼江の水上に浮かんだ。そこを石村村主《いわれのすぐり》石楯《いわたて》が捕えて斬った。
>
> 『続日本紀 中 全現代語訳』（宇治谷孟、講談社学術文庫）より

続日本紀《しょくにほんぎ》 古代国家が正史として編纂した六つの史書「六国史《りっこくし》」の中で、『日本書紀』に次ぐ二番目の書。文武《もんむ》元年（六九七）から延暦《えんりゃく》一〇年（七九一）までの歴史を編年体で記す。まず天平宝字《てんぴょうほうじ》二年（七五八）夏の分までが淳仁《じゅんにん》天皇の時代に編纂《へんさん》され、これを発議したのは藤原仲麻呂だったとされる。完成は延暦一六年（七九七）。

夕刻の鮮やかな空が乙女ヶ池の水面に映る。右上には琵琶湖岸が見える＝河村道浩撮影

呂が擁立した帝《みかど》だ。同年、仲麻呂は功臣として「恵美押《えみのおし》勝《かつ》」という名を授かった。

ところが天平宝字四年（七六〇）、後ろ盾だった光明が死去し、政情の潮目が変わる。

光明と聖武天皇（七五六年死去）の娘、孝謙太上天皇《こうけんだじょう》（淳仁の前の天皇）が、淳仁と仲麻呂に距離を置きだした。孝謙は天平宝字六年（七六二）「政事のうち恒例の祭祀《さいし》など小さなことは今の帝が行なわれるように。国家の大事と賞罰の二つの大本《おおもと》は朕《ちん》が行なうこととする」と一方的に宣言。権力への意志をあらわにした。

仲麻呂らに反発して孝謙に付く勢力もあり、孝謙のそばには後に実権を手にする道鏡《どうきょう》もいた。情勢は一触即発となった。

天平宝字八年（七六四）九月一一日、孝謙は「少納言・山村《やまむら》王を遣わして、中宮院（淳仁の御所）の駅鈴《えきれい》と、内印《ないいん》を回収させた」。天皇の命を伝えるときに使う鈴と、御璽《ぎょじ》とを奪ったのだ。これを知った仲麻呂は子の訓儒麻《くずま》呂《ろ》らに奪還させようとしたが、失敗する。

天皇のシンボルである鈴と印を掌中に収めた孝謙は、仲麻呂とその子や孫が「兵を起こして反逆した」とする勅を出し、鈴鹿《すずか》（三重県）、不破《ふわ》（岐阜県）、愛発《あらち》（福井・滋賀県境付近）の三関を固めた。仲麻呂は親族と軍勢を連れて近江（滋賀県）に陸路で逃れたが、孝謙方は橋を焼くなどし、進行を阻んだ。

孝謙方の素早い動きは、かつて孝謙の教師で遣唐使にもなった吉備真備《きびのまきび》の軍略だった。

仲麻呂らは船で琵琶湖北岸をめざすが、逆風で戻され、再び陸路で愛発に向かうも敵軍に阻まれた。逃げ惑い「勝野の鬼江」に着いた。「狭い入り江で、背後に山々が迫り、袋小路に追い込まれた状態だったでしょう」と高島市教育委員会文化財課主監の山本晃子《やまもとあきこ》さんは話す。

孝謙方の石村石楯《いわれのいわたて》が仲麻呂を斬った。「妻子と従者三十四人も、みな鬼江のほとりで斬った」。後日、淳仁は淡路島に送られ、亡くなった。孝謙は称徳《しょうとく》天皇として再び皇位に就いた。

歴史の転換点で、凄惨《せいさん》な一幕の舞台となった乙女ヶ池は今、仲麻呂一族の慟哭《どうこく》を押し包むかのように水をたたえ、静まりかえっている。

（渡辺達治／二〇二〇年一月二八日）

西側から手前に乙女ヶ池を望む。その後ろに、伊吹山を背にした、青く穏やかな琵琶湖が広がる。一番手前はＪＲ湖西線

アクセス

乙女ヶ池へは、ＪＲ近江高島駅で下車し、南東に徒歩約５分。

◆「藤原仲麻呂の乱」とその時代

734年	仲麻呂の父の武智麻呂、右大臣に就く
740年	恭仁京《くにきょう》遷都
743年	仲麻呂、参議になる
745年	仲麻呂、近江守《おうみのかみ》を兼任
749年	聖武天皇が譲位し、孝謙天皇が即位する
757年	養老律令施行
759年	仲麻呂、渤海使を招く
763年	藤原宿奈麻呂《ふじわらのすくなまろ》、仲麻呂暗殺未遂事件を起こす
766年	道鏡が法王、吉備真備が右大臣になる
770年	称徳天皇（孝謙天皇）没

◆解く　乱の背景　孝謙との国家観の相違か

木本好信《きもとよしのぶ》　龍谷大学特任教授

『続日本紀』は国家の正史、勝者の歴史ですので、「藤原仲麻呂の乱」についても、仲麻呂は謀反人であるとし、孝謙の正当性を強調する書き方になっています。

しかし細かくみると、孝謙が国家の大事は淳仁でなく自分がやると宣言した後も、太政官の人事などから、実権を持つのは依然、仲麻呂の側だったと分かります。また、仲麻呂が孝謙に対してどのような謀反を計画したのか、具体的な話が出てきません。

乱の実態は、孝謙側が仕掛けた権力をめぐる争乱であり、もし仲麻呂側が淳仁の鈴と印を死守できていれば、勝敗は逆になっていたのではないでしょうか。

仲麻呂は行財政や税制の改革を進めました。律令の解釈・運用の勉強会も開いています。乱の背景には、律令官僚制国家をめざす仲麻呂と、天皇が大きな権力を持つべきだとする孝謙との国家観の相違があったと思われます。

仲麻呂は外交にも意欲的で、新羅《しらぎ》に対抗するため、渤海《ぼっかい》と緊密に交流しました。敗北を自覚したとき、最終的に身を寄せようとした先は、日本海の向こうの渤海ではなかったかと想像しています。

（二〇二〇年一月二八日）

巨大な塔の建立　称徳女帝の戦略

天皇《すめらみこと》、尤《もと》も仏道を崇《あが》めて、務めて刑獄《けいごく》を恤《めぐ》みたまふ。勝宝《しょうほう》の際《あいだ》、政《まつりごと》、倹約を称《い》ふ。太師《だいし》（藤原仲麻呂）誅《ちゅう》せられてより、道鏡《どうきょう》、権《はかりこと》を擅《ほしきまにま》にし、軽《かろがろ》しく力役《りきえき》を興《おこ》し、務めて伽藍《がらん》を繕《つくろ》ふ。公私に彫《ちょう》喪《そう》して、国用足《た》らず。政刑日《せいけいひび》に峻《さが》しくして、殺戮《さつりく》妄《みだり》に加へき。故《ゆえ》に後《のち》の事を言ふ者《ひと》、頗《すこぶ》るその冤《つみ》を称ふ。

『続日本紀 四 新日本古典文学大系15』（青木和夫ほか校注、岩波書店）より

続日本紀《しょくにほんぎ》　奈良から平安時代にかけて、国家が編纂《へんさん》した「六国史《りっこくし》」のうち、『日本書紀』に続く二番目にあたる。文武《もんむ》天皇元年（六九七）から延暦《えんりゃく》一〇年（七九一）までの九五年間を編年体、漢文表記で記録している。全四〇巻。桓武《かんむ》天皇の命で、菅野真道《すがのまみち》、藤原継縄《ふじわらのつぐただ》らが編纂にあたり、延暦一六年（七九七）に完成した。奈良時代の基本史料とされる。

11　続日本紀　大阪府八尾市　由義寺跡

華やかな天平《てんぴょう》文化が栄えたのと裏腹に、奈良時代は、「長屋王《ながやおう》の変」や「藤原仲麻呂《ふじわらのなかまろ》の乱」など様々な権力闘争が相次いだ。その権謀術数の歴史の最終盤に登場するのが、道鏡《どうきょう》だ。

奈良時代を中心とした史書『続日本紀』はこう伝える。

「道鏡、俗姓弓削連《ゆげのむらじ》、河内《かわち》の人なり。略《ほぼ》梵文《ぼんもん》に渉《わた》りて、禅行《ぜんぎょう》を以《もち》て聞《きこ》ゆ」

サンスクリット語に堪能で禅の修行を積み、女帝の称徳《しょうとく》天皇の病気を治したことで異例の出世を遂げ、法王に就く。さらに天皇位まで望むが、神護景雲《じんごけいうん》三年（七六九）、和気清麻呂《わけのきよまろ》が持ち帰った宇佐八幡宮の神託によって阻まれた。称徳の死後失脚、下野《しもつけ》薬師寺に左遷された。

称徳時代の悪政すべての責めを負わせるなど、『続日本紀』はことのほか道鏡に手厳しい。後世には二人の関係がスキャンダラスに取り上げられ、「女帝をたぶらかして皇位簒奪《さんだつ》を図った悪僧」というイメージが定着した。

由義寺跡の、巨大な七重の塔の基壇は埋め戻され、その上に土が盛られている。この地に遷都が実現していたら、どんな風景が広がっていたのだろう＝河村道浩撮影

道鏡の出身地は大阪府八尾《やお》市の東南部。その地で二〇一六年から一七年にかけて行われた発掘調査で、驚くべき遺構が見つかった。二〇メートル四方の塔の基壇だ。同時代の東大寺や大安寺などの大塔に匹敵する大きさで、高さ七〇メートル規模の巨大な七重の塔と推定される。近くではコンテナ一〇〇〇箱分の大量の瓦や、礎石とみられる石も出土している。『続日本紀』の神護景雲四年（七七〇）四月五日の記事にこうある。

「由義寺の塔を造らしむる諸司《しょし》の人と雑工《ぞうく》ら九十五人とに、労の軽重に随《したが》ひて、位階を加へ賜《たま》ふ」

発掘を担当した八尾市文化財調査研究会の樋口《ひぐち》薫《かおる》さんは「塔が史書に登場するのはこの時だけ。二度と歴史には現れません。規模も消長もわからなかった〝幻の塔〟だったんです。見つかった基壇が由義寺《ゆげでら》の塔の遺構であるのは間違いありません。ただ、これほど巨大だとは予想していなかった」と話す。

スケールの大きさは強大な国家権力が働いたことを示し、「道鏡が称徳にねだって出身地の寺に塔を建てた」という説を吹き飛ばす。主導権は称徳が握っていた。そして塔の建立そのものに、将来に向けた戦略があったはずだ。

　称徳の頭にあったのは、東大寺、大仏を造立した父の聖武《しょうむ》天皇だろう。父にならい、仏教を礎《いしずえ》とした政治を推進しようとしたのではなかったか。道鏡はその師であり、パートナーだ。

由義寺跡の発掘調査で出土した瓦片。奈良・興福寺や東大寺と同じ型の瓦が見つかっており、同格の国家寺院だったと考えられている（八尾市立埋蔵文化財調査センターで）

　寺の近くには新しい宮の造営も進められていた。「西《にし》の京《きょう》」とも呼ぶその宮に称徳は三回も行幸している。平城京からの遷都も視野に入れていた可能性がある。巨大な塔は、仏教政治の拠点となる新都のシンボルにふさわしい。

　称徳政権があと何年か続いていれば「河内京」が誕生していた可能性もある。が、称徳は同年八月に崩御。道鏡は失脚し、寺も宮も歴史の舞台から消えた。

　付近は「由義寺跡」として国史跡に指定され、調査が続く。称徳と道鏡の時代に、新たな光が当たるかもしれない。


（滝北岳／二〇一九年三月一二日）

アクセス
由義寺跡はＪＲ志紀駅から徒歩５分。

◆称徳天皇とその時代

710年	平城京遷都	766年	道鏡、法王となる
749年	孝謙天皇即位	769年	宇佐八幡宮神託事件
758年	淳仁天皇即位	770年	称徳天皇没。道鏡を造下野薬師寺別当として左遷
764年	藤原仲麻呂の乱。淳仁天皇を廃し、孝謙太上天皇が重祚《ちょうそ》、称徳天皇に	772年	道鏡没
		784年	長岡京遷都

◆解く　道鏡の出世　称徳の専制的権力の表れ

吉川真司《よしかわしんじ》　京都大学教授

『続日本紀』が編まれたのは桓武《かんむ》天皇の時です。光仁《こうにん》、桓武は天智《てんじ》系ですから、直前の天武《てんむ》系政権を否定するのは当然のことで、記述にはバイアスがかかっていると考えていい。称徳天皇によって空前の出世を遂げた道鏡は格好の餌食で、批判的に描かれています。

しかし一方、『続日本紀』には天皇の命令を記した「宣命《せんみょう》」が残っており、特に称徳には個性的なものが多い。編者たちも、さすがにその内容を改変することははばかられたと考えられ、称徳の生の声に近いものが伝わっていると考えていいと思います。

その宣命を虚心坦懐《きょしんたんかい》に読む限り、称徳には「かよわい女帝」というイメージは、みじんも感じられません。聖武天皇の子として、自らの血筋に強烈な自負を持っていることがうかがえます。

この時代の主役は称徳です。藤原仲麻呂の乱をひねり潰したことにより、称徳に専制的な権力が集中しました。道鏡の異例の出世もその表れと考えるべきです。道鏡を師としてたたえていますが、彼にたぶらかされたとは考えにくいと思います。

（二〇一九年三月一二日）

蝦夷の乱　律令の拠点を焼く

12 続日本紀　宮城県多賀城市　多賀城跡

その城《き》（多賀城）、久しき年、国司治《し》る所にして、兵器《ひょうき》・粮蓄《ろうちく》、勝《あ》げて計《かぞ》ふべからず。（中略）後《のち》数日にして、賊徒乃《すなわ》ち至り、争ひて府庫の物を取る。重《とうと》きを尽《こぞ》りて去る。その遺《のこ》れるものは、火を放ちて焼く。

『続日本紀　五　新日本古典文学大系16』（青木和夫ほか校注、岩波書店）より

続日本紀《しょくにほんぎ》　八世紀から一〇世紀初めにかけて勅撰《ちょくせん》された六つの正史「六国史《りっこくし》」の一つ。『日本書紀』の後を受け、文武《もんむ》天皇元年（六九七）から延暦《えんりゃく》一〇年（七九一）までを記述し、延暦一六年（七九七）に完成した。編者は菅野真道《すがののまみち》、藤原継縄《ふじわらのつぐただ》らで、奈良時代の基本史料とされる。伊治公呰麻呂《これはりのきみあざまろ》の乱は、光仁《こうにん》天皇の時代の宝亀《ほうき》一一年（七八〇）の記事で紹介されている。

多賀城《たがじょう》跡には、城の由来を刻んだ奈良時代の石碑がある。日本三古碑に数えられ、松尾芭蕉《まつおばしょう》が『奥の細道』で紹介したことでも有名な石碑は、天平宝字《てんぴょうほうじ》六年（七六二）の修造を記念して建てられたもの。朱色の柱と瓦《かわら》葺《ぶ》きの建物群を擁し、一一世紀前半まで存続した多賀城が最も壮麗な姿を見せていた時期だ。

石碑近くから、多賀城の中枢部・政庁跡に続く幅一三メートルの道が延び、その先には正門や政庁などの復元された基壇が見える。古代人は基壇上に立つ堂々たる建物に、律令国家の東北の拠点としての威風を感じたことだろう。

その多賀城が焼き打ちにされる事件が宝亀一一年（七八〇）に起こる。東北支配の責任者・按察使《あぜち》の紀広純《きのひろずみ》も殺害され、国家の衝撃は計り知れないものがあった。首謀者は、蝦夷《えみし》の系譜を引く伊治公呰麻呂《これはりのきみあざまろ》だ。

蝦夷は国家の支配が及ばない東北地域の住人だが、北方産物の交易で国家と交流が深く、両者は常に争ったわ

特別史跡・多賀城跡を空から望む。発掘成果をもとに、政務や儀式が行われる政庁の基壇部が整備され、斜面下から政庁まで南北にまっすぐ続く道路も復元された（小型無人機から）＝鈴木竜三撮影

けではない。呰麻呂も、「上治《かみはり》郡大領《だいりょう》外従五位下」という位を有し、国家に服属した地域の蝦夷の指導者として、地位を認められた立場だった。

しかし、八世紀後半以降、国家の領域拡大政策を機に蝦夷との軋轢《あつれき》が生じる。呰麻呂の乱のきっかけは、多賀城から北に約五〇キロの伊治城《これはりじょう》（宮城県栗原市）で起こった。この年の二月、同城には北方の蝦夷対策の新たな拠点「城柵」の造営のため、広純、呰麻呂らが集まっていた。

「牡鹿《おしか》郡大領道嶋《みちしま》大楯、毎《のり》に呰麻呂を凌侮《りょうぶ》して、夷俘《いふ》を以《もち》て遇《あしら》ふ」。道嶋氏は朝廷の移民政策で上総国《かずさ》（千葉県）から移った一族で、大《おお》楯《たて》は平城京の勤務経験のあるエリート。呰麻呂は、大楯から蝦夷であることを侮辱された様子がうかがえる。朝廷軍の一員として国家に尽くそうとしてきた呰麻呂にとって、大変な屈辱だったに違いない。

「先《ま》づ大楯を殺し、衆を率《い》て按察使広純を囲み、攻めて害せり」。大楯のみならず広純まで殺害した呰麻呂

伊治城（宮城県栗原市）の外郭北辺だったとされる地域。現在は、遊具などが置かれ、激戦の面影はない

の行動は過激だが、共鳴した蝦夷も多かった。「呰麻呂の乱は、個人の怨恨《えんこん》だけでなく、国家の移民政策や城柵設置で虐げられてきた蝦夷全体の怒りが背景にあった」。東北歴史博物館（多賀城市）学芸員の相澤秀太郎《あいざわしゅうたろう》さんは語る。

伊治城の勢いのまま、多賀城に押し寄せた反乱軍に対し、国家側はなすすべもない。陸奥介《むつのすけ》という重責にある大伴真綱《おおとものまつな》らが密《ひそ》かに城を脱出し、責任者不在となった多賀城は大混乱に陥った。「火を放ちて焼く」などの乱の経過は、政庁跡の発掘で見つかった焦土や焼けた瓦からも裏付けられている。壮麗な政庁は蝦夷に畏怖の念を抱かせる狙いもあったが、反乱軍には無力だった。

呰麻呂のその後は、『続日本紀』にも記されていない。仲間の蝦夷にかくまわれて落ち延び、後に朝廷と対峙《たいじ》するアテルイの闘争心に影響を与えたとの説もある。蝦夷の魂に火を付けて、呰麻呂はどこに姿を消したのか。往時の威風を想像させる政庁跡には、古代史の謎が眠っている。

（多可政史／二〇一九年一〇月一五日）

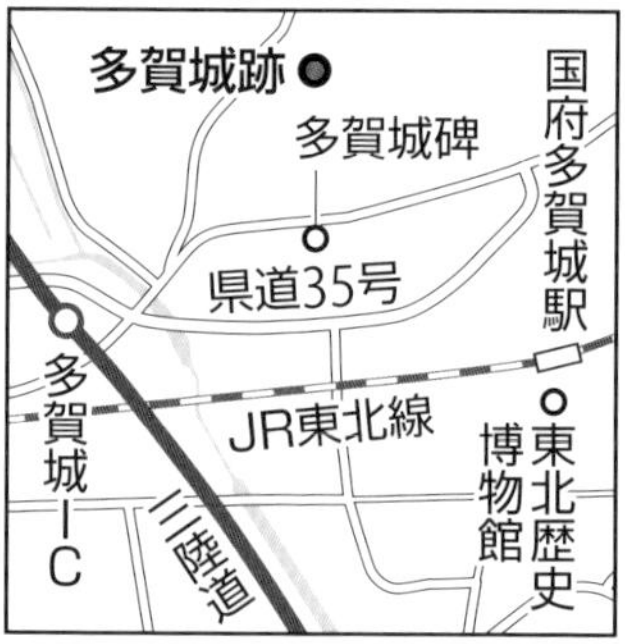

アクセス

政庁正殿跡などがある特別史跡・多賀城跡まで、ＪＲ国府多賀城駅から徒歩15分。

◆「伊治公呰麻呂の乱」とその時代

720年	蝦夷が反乱。按察使・上毛野広《かみつけののひろ》人《ひと》を殺す	755年	唐で安史《あんし》の乱勃発
724年	多賀城創建	774年	蝦夷が反乱。桃生城《ものうじょう》（宮城県石巻市）を襲撃
751年	タラス河畔の戦い。中国の製紙法が西方に伝播	780年	伊治公呰麻呂の乱
		789年	アテルイが官軍に大勝
752年	東大寺大仏開眼	794年	平安京遷都

◆解く　国家への不満　個人的怨恨に矮小化か

鈴木拓也《すずきたくや》　近畿大学教授

伊治公呰麻呂の事件以前にも、蝦夷の反乱はありました。養老《ようろう》四年（七二〇）には按察使が殺される大事件が起こりましたが、『続日本紀』にはその頃の具体的な記述が少なく、詳細は不明です。これに対し、呰麻呂の事件の頃になると、『続日本紀』の記述は充実し、反乱の具体像がよく分かります。

一方、呰麻呂の行方については書かれず、国家が捜している様子もうかがえません。呰麻呂を捕えられなかったことは威信に関わる問題で、事件後のことをあえて詳しく書かなかったのかもしれません。多くの蝦夷が乱に加わったのは国家への不満が蓄積していたためですが、乱の原因を呰麻呂による広純、大楯への個人的怨恨に矮小《わいしょう》化した書きぶりになっている点にも、国家の意図が垣間見えます。

『続日本紀』によると、光仁《こうにん》天皇が翌年（七八一）元日に元号を改める詔《みことのり》を発し、その中で呰麻呂の乱に言及しています。天皇にとってそれだけ衝撃的な事件で、征夷に中央から将軍が派遣され、坂東（関東）の兵が駆り出されるなど軍制も大きく変革しました。これがアテルイなど、後の蝦夷と朝廷の戦いの構図につながります。

（二〇一九年一〇月一五日）

一〇年で挫折　桓武理想の新都

13　続日本紀　京都府向日市　長岡宮跡

京都と大阪を結ぶ阪急京都線の西向日《にしむこう》駅（京都府向日市）から北に向かい、静かな住宅街を一〇〇メートルほど歩くと、「史跡長岡宮跡」と刻まれた石版が立つ広場に出る。延暦三年（七八四）から同一三年（七九四）にかけて当時の都・長岡京の中枢区域、長岡宮があった場所だ。

長岡遷都を断行したのは桓武《かんむ》天皇だ。八世紀末に完成した正史『続日本紀』によれば、延暦三年五月、冒頭に引用したように、腹心の藤原種継《ふじわらのたねつぐ》や佐伯今毛人《さえきのいまえみし》らに乙訓《おとくに》郡長岡《ながおか》村を視察させた。六月、種継らを造長岡宮使《ぞうながおかきゅうし》に任じ、建設を開始させた。

諸国からの税（調《みつき》・庸《よう》）や労働力、資材を長岡の地に集めるよう命じ、急ピッチで工事を進め、同年一一月一一日「天皇は平城宮から長岡宮に移られた」。種継らの視察から半年後だ。

なぜ、新都が必要だったのか。桓武は延暦六年（七八七）一〇月の詔《みことのり》で「水陸交通の便利を考えて、都をこ

天皇は勅して、中納言・正三位《しょうさんみ》の藤原朝臣《ふじわらのあそん》小黒麻呂《おぐろまろ》、従三位《じゅさんみ》の藤原朝臣種継《たねつぐ》、左大弁・従三位の佐伯宿禰《さえきのすくね》今毛人《いまえみし》（中略）らを山背《やましろ》国に遣わして、乙訓《おとくに》郡長岡《ながおか》村の地を視察させた。都を遷《うつ》すためである。

『続日本紀　下　全現代語訳』（宇治谷孟、講談社学術文庫）より

続日本紀《しょくにほんぎ》　八世紀末に成立した古代国家の公式の歴史書。文武《もんむ》元年（六九七）から延暦《えんりゃく》一〇年（七九一）までの出来事が編年体で記されている。全四〇巻で、前半は菅野真道《すがののまみち》、後半は藤原継縄《ふじわらのつぐただ》らによって編集された。重複記事がみられる一方、『日本書紀』と比べて文飾や誇張記事が少ない。藤原京の時代から奈良時代にかけての根本史料。

長岡宮の正庁、朝堂院の跡。盛り上がった部分は８棟あった庁舎のうちの一つを示す。秋の訪れを感じさせる空の下、緑に包まれていた＝河村道浩撮影

の長岡村に遷した」と述べている。国を発展させるため、物流を盛んにすることは喫緊の課題だった。陸路の要衝で、南東部を現在の淀川や木津川、桂川といった河川が通る長岡京は好適地だった。

また、奈良時代の主流だった天武《てんむ》系皇統でなく、天智《てんじ》系の桓武は、旧来の貴族や社寺が勢力を張る平城京を離れ、新しい政治をめざしたともいわれる。

長岡京は存続期間の一〇年でどの程度広がったのだろう。この点を明らかにしたのは、かつての京域の向日市や長岡京市などで計二〇〇〇回以上行われてきた発掘調査の成果だ。東西四・三キロ、南北五・三キロ。平城京を上回り、平安京に匹敵する大きさで、官庁や運河沿いの港、市などが整備されていた。

向日市教育委員会文化財調査事務所の渡辺博《わたなべひろし》所長は「丘陵や川に妨げられる場所を除き、造成はほぼ終わっていた。十分に広く、大量輸送にも対応できる。ポテンシャル（潜在力）の大きな都でした」と話す。

だが、長岡京では当初から暗雲が漂った。延暦四

長岡宮跡の大極殿公園は市民の憩いの場となっている。規則的に並ぶ白丸は回廊の柱跡。そばに立つ家々が影を落としていた

年（七八五）九月、遷都を取り仕切った種継が暗殺された。すぐに数十人が逮捕され、処罰された。桓武の弟・早良《さわら》親王も連座し、島流しになる途中、絶食して死んだ。遷都への反対勢力があったことを示す事件だ。

悪いことは続き、桓武の母・高野新笠《たかののにいがさ》、皇后の藤原乙《おと》牟漏《むろ》が相次いで死去。皇太子も病気になった。『続日本紀』に続く正史『日本後紀《にほんこうき》』によると、延暦一一年（七九二）皇太子の病について占うと「崇道《すどう》天皇（早良親王）の祟《たた》りであることが判った」という。

長岡京は水利に優れる分、洪水が起こりやすいという弱点もあった。こうして、長岡京完成への意欲を失った桓武は、平安京への再びの遷都を決めた。

長岡宮跡は今、市民の散策の場となり、穏やかな空気が流れる。桓武天皇が初志貫徹し、長岡京に腰を据えていれば、平安京ではなくこちらが「千年の都」になったかもしれない。街の西方に広がるなだらかな山々を見ながら、そんな想像をしてみた。

（渡辺達治／二〇一九年九月二四日）

アクセス

長岡宮跡最寄りの阪急西向日駅は、大阪梅田駅から約40分、京都河原町駅から約15分。西向日駅のすぐ北側に長岡宮跡の朝堂院公園、住宅街を挟んでさらに北側に大極殿公園がある。

◆「長岡遷都」とその時代

770年	天智天皇の孫、光仁天皇が即位
781年	光仁、譲位。子の山部《やまべ》親王が即位し、桓武天皇となる
782年	廷臣の氷上川継《ひかみのかわつぐ》が謀反、流罪
785年	長岡遷都後、初めての元日の朝賀を大極殿《だいごくでん》で行う
786年	正庁の朝堂院、完成
789年	征東の朝廷軍、アテルイ軍に大敗
792年	早良親王の祟りを恐れ、その霊を祀る
793年	平安遷都に向けて山背《やましろ》国葛野《かどの》郡を視察させる
794年	桓武が平安京に移る
796年	大極殿、完成

◆解く　巨大計画の推移、生々しく

國下多美樹《くにしたたみき》　龍谷大学教授

長岡京を研究する時、『続日本紀』は一番目に読む史料です。延暦一一年（七九二）以降の出来事を記した『日本後紀』と合わせて読むことで、長岡遷都とそのつまずき、平安遷都という一連の道程を知ることができます。

『続日本紀』の延暦四年（七八五）の記事に、長岡京の建設のために諸国の人民三一万四〇〇〇人を集めたという記事があります。こうした記述を追うことで、一〇年という短期間で巨大なプロジェクトを進めたさまが、時の経過に沿って生々しく分かってきます。

謎も残ります。『続日本紀』には藤原種継暗殺事件の背景が書かれていません。事件に連座し、早良親王が亡くなりますが、これは早良に皇位がいかないように排除するためのぬれぎぬだった可能性があります。研究者の間でも議論が分かれるところです。

『続日本紀』と照らし合わせることで、発掘された遺跡の解釈も深まります。例えば、長岡京跡の宅地の区画は平安京跡に比べて形や広さが不ぞろいです。この都市計画の不備は、長岡京を廃して平安京に遷都する背景の一つだった可能性があります。

（二〇一九年九月二四日）

政変でついえた平城再遷都

14 日本後紀 奈良県奈良市 平城宮跡

平城《へいぜい》天皇が即位すると、(藤原)薬子《くすこ》を召して尚侍《ないしのかみ》に任じ、薬子は巧みに天皇の愛寵《あいちょう》を求め、恩寵《おんちょう》は盛んになり、その言うところはすべて聞き入れられた。百司《ひゃくし》の政務や天皇への取り次ぎを勝手に行い、人を脅し手なずけ、威力を盛んにした。(平城)太《だい》上《じょう》天皇がにわかに事を起こして東国へ向かうと、輿《こし》を同じくした。

『日本後紀 中 全現代語訳』(森田悌、講談社学術文庫)より

日本後紀《にほんこうき》 延暦《えんりゃく》一一年(七九二)から天長《てんちょう》一〇年(八三三)までの編年体の歴史書で、古代の六つの正史「六国史《りっこくし》」のうち、『日本書紀』『続日本紀《しょくにほんぎ》』に続く三番目の書。平安時代初期の朝廷の出来事などを知るための根本史料である。

平安京(京都市)への遷都が延暦一三年(七九四)に行われてから一六年後の弘仁《こうにん》元年(八一〇)、新都を廃止し、都を奈良・平城京に戻そうとするクーデターが勃発する。前年に譲位して平城京に移り住んでいた平城《へいぜい》太《だい》上《じょう》天皇と、その寵愛《ちょうあい》を受ける藤原薬子《ふじわらのくすこ》らが起こした「薬子の変」だ。

平城は桓武《かんむ》天皇の皇子で、大同《だいどう》元年(八〇六)に即位したが、大同四年(八〇九)、同母弟の神野《かみの》親王に天皇の位を譲った。古代国家が編纂《へんさん》した公式の史書『日本後紀』は、その理由を神経系の病「風病」のためだったと伝える。

神野は嵯峨《さが》天皇となった。平城は、太上天皇(譲位後の尊号)の立場で、一部の官人らを引き連れて平城京に赴き、「技手と人夫二千五百人を雇役《こえき》」して殿舎などの造営を進めた。

ここまでなら、争いは起きなかった。しかし、平城太上天皇の体調が回復する一方、嵯峨天皇は病気がちにな

平城宮跡に穏やかな光が注ぎ、草花が風にそよぐ。平城太上天皇はこの付近に居を構えた。奥は、奈良時代の第一次大極殿を復元した建物＝河村道浩撮影

り、政務に支障が出た。平城は再び政治への意欲を持ち始めた。

平城は「参議の号を復する」と、一時廃止された官職を復活させる詔勅を出す。すると嵯峨も天候不順から民を救おうと「使人を畿内の名神《みょうじん》に遣わして奉幣せよ」と詔勅で命じるといった調子で、「二所朝廷」と呼ばれる権力の分裂が生じた。

平城のもとで詔勅を発する尚侍《ないしのかみ》を務めたのが薬子で、兄の藤原仲成《なかなり》も平城派の高官だった。

弘仁元年九月、「平城太上天皇の指示により、平城旧京へ遷都することになった」。嵯峨のことを無視した一方的な命令だった。嵯峨はもちろんこれを認めず、伊勢（三重県）、近江（滋賀県）、美濃（岐阜県）の国府や各地の関を兵で固めた。仲成を拘束し、射殺した。

平城は手勢を率い、薬子らと東国を目指すが、大和国（奈良県）を出ないうちに嵯峨の軍勢に阻まれ、あえなく降伏した。遷都の詔勅から六日後のことだ。薬子は自殺。平城は剃髪《ていはつ》して恭順の意を示し、許された。

平城宮跡のすぐ北側には平城天皇陵がある

『日本後紀』は、平城遷都は薬子のたくらみだとし、「太上天皇のお言葉でないのにお言葉とし、（中略）天下を乱し、百姓《ひゃくせい》の疲弊をもたらした」と激しく非難する。平城については、主体的に動いたわけではなく、薬子らに引きずられたという印象を与える書き方をしている。

真相はどうなのか。奈良大学教授で古代史学者の寺崎《てらさき》保広《やすひろ》さんは「薬子や仲成が発言力を持っていたのは事実でしょう。しかし、平城にも平城京に都を戻して権力を握る意思があったはずです。国家の史書なので、太上天皇を悪く言うのを避けたのでしょう」と話す。

平城宮跡は今、市民が憩う公園になっている。草木が春風に揺れる音や野鳥の鳴き声が響き、のどかな空気が流れる。

平城はこの地で、晩年まで静かに暮らしたという。愛情を注ぎ、共に事を起こした薬子に対してどんな思いを抱いて、歳月を送ったのだろう。国家の史書は、そんな人情の機微までは伝えていない。

（渡辺達治／二〇二〇年三月三一日）

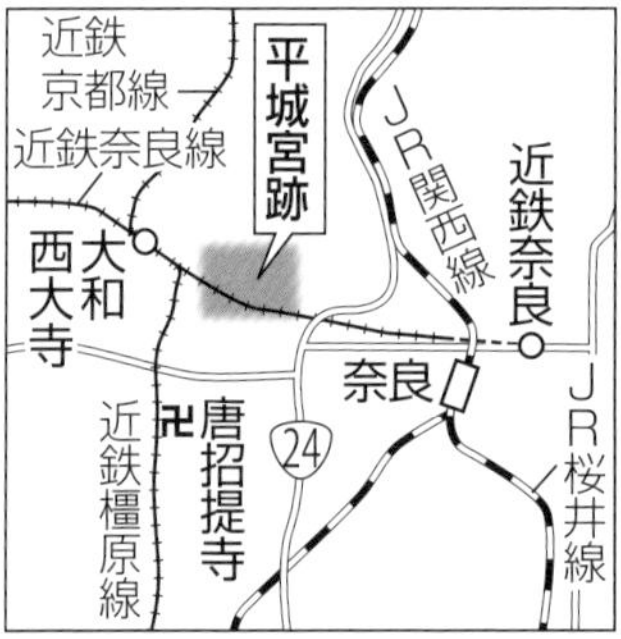

アクセス

平城宮跡へは、近鉄大和西大寺駅から東に徒歩約15分。宮跡内で奈良時代の「第一次大極殿院」跡地と案内されているエリアが、平安初期に平城太上天皇によって整備された場所と重なっている。

◆「薬子の変」とその時代

770年	称徳天皇没。道鏡、下野《しもつけ》薬師寺に左遷
784年	桓武天皇、長岡京に遷都
785年	遷都を進めた藤原種継（薬子の父）、反対派に暗殺される
794年	平安京に遷都し、山背《やましろ》国を山城国と改める
806年	桓武天皇没
807年	伊予親王（桓武の皇子）らが謀反の嫌疑で捕らえられ、自殺
814年	嵯峨天皇の皇子女に「源」姓を賜《たま》う。「源氏」の始まり
824年	平城太上天皇没
840年	『日本後紀』完成

◆解く　太上天皇から寵愛　薬子が権勢

西本昌弘《にしもとまさひろ》　関西大学教授

『日本後紀』は、全四〇巻中の一〇巻しか完全な形で伝わっていないのですが、「薬子の変」に関係する記録はよく残っています。

平城は譲位をしたことを後悔して、再び力を持とうとしたのだと思います。そこに藤原薬子と仲成がどうかかわったかが論議を呼ぶ点です。平城の主体的な意思を重視した「平城太上天皇の変」という呼び方もあります。

『日本後紀』を読むと、変に際して平城の側近のうち薬子、仲成の動きが突出しています。また、変の後、連座して配流された人々の多くは平城没後、入京を許されますが、薬子と仲成の子息は長く許されませんでした。これは、薬子らへの怒りが相当強かったことを示しています。

私は、変の背後に平城の意思があったことは認めますが、薬子が尚侍としての勅命伝達権を用いて権勢をふるい、反感を買っていたのも事実だろうと見ています。

平城による平城京の造営工事は民衆の負担だったはずです。変の背景に、この造営を進めるのか停止するのかという争点もあったのだろう、と考えています。

（二〇二〇年三月三一日）

上野国分寺の地に大地震

15 類聚国史 群馬県前橋市、高崎市 上野国分寺跡ほか

(弘仁《こうにん》)九年七月。相模《さがみ》・武蔵《むさし》・下総《しもうさ》・常陸《ひたち》・上野《こうずけ》・下野《しもつけ》等の国、地震う。山崩れて谷埋《うず》むること数里なり。圧死する百姓、勝《あ》げて計《かぞ》う可《べ》からず。

『新訂増補国史大系 第6巻 類聚国史 後篇』(吉川弘文館)より。一部文字を修正し、読み下した

類聚国史《るいじゅこくし》 菅原道真《すがわらのみちざね》(八四五〜九〇三年)の編纂《へんさん》とされる。『日本書紀』から『日本三代実録《にほんさんだいじつろく》』までの国家による六つの歴史書「六国史《りっこくし》」の記事を、「神祇《じんぎ》」「歳時」「職官」など、部門別に編集したもの。弘仁九年(八一八)は「六国史」では『日本後紀』が収録していた時代。『日本後紀』は多くが既に散逸しているが、弘仁地震の記録は『類聚国史』の「災異」部に記されていた。

なるほど、一等地だ。

礎石を整然と配した七重塔の基壇跡に立つと、赤城《あかぎ》、榛名《はるな》、妙義《みょうぎ》の上毛《じょうもう》三山が、青く目に優しい。雪をいただく浅間山も遠望できる。群馬県前橋市と高崎市にまたがる上野《こうずけ》国分寺跡。奈良時代、聖武《しょうむ》天皇の詔《みことのり》で鎮護国家を祈る大伽藍《だいがらん》が営まれた。七重塔は高さ六〇・五メートルを誇り、全国の国分寺でも有数の規模だったという。

「建立に協力した地元豪族たちの力の大きさを物語っています」と、県教育委員会文化財保護課指導主事の橋本《はしもと》淳《じゅん》さんが解説してくれた。

東国有数の大古墳が築かれた頃から一大勢力を誇ったこの地を、平安時代の弘仁九年(八一八)七月、大地震が襲った。マグニチュード七・五以上だったとされる。

『類聚国史』は、揺れた関東諸国の名を列挙するとともに「上野国等の境に地震災いを為《な》す」と記し、被害が現在の群馬県周辺で大きかったことを伝える。

国分寺の伽藍も無傷ではなかっただろう。発掘で、寺

上野国分寺跡は復元された築垣や、七重塔の基壇（中央奥）、講堂の基壇（右奥）が往時をしのばせる。奥は榛名山、左が浅間山（群馬県前橋市・高崎市境で、小型無人機から）＝鈴木竜三撮影

域内から平安時代の竪穴《たてあな》建物跡が複数見つかっている。「国分寺の中に竪穴住居を作った人が住んだとは考えにくい」と橋本さん。建物は、地震で傷んだ伽藍の修理に携わった工人たちが使ったとも言われる。

一二〇〇年前の大地震の痕跡が、ほかにもないか探した。

「地震からの復興で使われた瓦です」――前橋市総社歴史資料館で、同市教育委員会文化財保護課嘱託員の前原豊《まえはらゆたか》さんが指さすケース内に、「天長八」と刻んだ瓦が展示されている。天長八年は西暦なら八三一年、地震から三年後。出土したのは、国分寺跡から北東に一キロあまりの「山王廃《さんのうはい》寺《じ》跡」だという。

住宅街にひっそり立つ日枝《ひえ》神社周辺に、古代の大寺院があったとわかったのは大正時代。偶然、五重塔の心柱《しんばしら》を据えた塔心《とうしん》礎《そ》が発見された。巨大な輝石安山岩《きせきあんざんがん》に円形の穴が丁寧にうがたれ、今も境内の覆い屋の下にある。境内には、石製の鴟尾《しび》や根巻石《ねまきいし》も残る。一九七九年には「放光寺」と書かれた瓦が出土し、上野三碑の一つ、山上碑《やまのうえ》（高崎市）に名を刻まれ、格式も高かった「放光寺」の跡だとわかった。発掘ではほかに、地震後に塔の基壇を白色粘土で修復した痕跡や、修理で使われた瓦も見つかった。

　前原さんは山王廃寺跡を含め、前橋市内の遺跡発掘に長く携わった。『類聚国史』の「山が崩れ、谷が埋まった」という記述を裏付けるような痕跡を数多く見てきたという。「幅が一メートルや二メートルもある地割れもありました。それだけ被害があった中で、一三年という時間がかかっても、きちんと新しい瓦を葺《ふ》いて復興を遂げたわけです」

　地震後、朝廷は使者を派遣し、被害が大きければ被災者の身分を問わず給付を行い、税を免除した。畿内からはるか東国の災害に手を尽くして復興にあたったが、その後九世紀の日本は大地震が続き、律令国家を揺るがせた。『類聚国史』の詳細な記述は、地震国に生きる現代人への警鐘でもある。

（清岡央／二〇二〇年三月一〇日）

山王廃寺跡には、伽藍の屋根に載っていた石製鴟尾（奥）や、柱を飾った根巻石が残っている

アクセス

上野国分寺跡へは、ＪＲ新前橋駅から車で約15分。前橋市総社歴史資料館へはＪＲ群馬総社駅から徒歩約15分、山王廃寺跡へは同駅から車で約10分。

◆『類聚国史』とその時代

794年　平安京遷都
804年　最澄・空海が唐に渡る
818年　弘仁地震。関東に大被害
864年　富士山が噴火
869年　貞観《じょうがん》地震。東北太平洋岸に津波
887年　仁和《にんな》地震。畿内などで大被害
892年　この頃『類聚国史』編纂
894年　遣唐使派遣中止
901年　菅原道真、大宰府に左遷
907年　中国で唐滅ぶ

◆解く　洪水や液状化　国家主導で復興

田中広明《たなかひろあき》　埼玉県埋蔵文化財調査事業団資料活用部長
大正大学非常勤講師

弘仁地震の痕跡は、遺跡の発掘で数多く確認されています。群馬県東南部などでは地割れや土砂ダム崩壊による洪水の跡が、埼玉県深谷市や熊谷市の利根川沿いなどでは液状化の痕跡が見つかっており、当時の社会に多大な影響を与えたことをうかがわせます。深谷市の皿沼西《さらぬまにし》遺跡では、液状化で高床倉庫の柱が最大一・六メートルも沈んでいました。

復興の様子を『類聚国史』は、「正税《しょうぜい》によって賑恤《しんじゅつ》を行い、建物の修理を助けた」と記しています。「賑恤」とは国家が被災者を支援することで、役所や寺院の復興も国を挙げて行われたことがわかります。弘仁地震の三年前には、最澄《さいちょう》が関東で布教したばかり。仏教信仰の盛り上がりも寺院の復興に寄与したことでしょう。地震で荒れた関東地方には、「王家の荘園」とも言える勅旨田《ちょくしでん》が次々と設置されました。勅旨田は皇族の経済的基盤になるとともに、近隣の農民を使って荒れた土地の開墾が行われ、復興プロジェクトとして設置されたと考えられます。

上野は古墳時代の有力豪族以来、独自色を持った地域でした。復興は国家主導でしたが、地域の力によるところは大きく、後に律令国家の影響力が衰える契機をもたらしたと言えます。

（二〇二〇年三月一〇日）

蝦夷征討の中止を説いた行政官

16 日本三代実録　秋田県秋田市　秋田城跡

標高四〇メートルの丘陵上に、瓦葺《かわらぶ》きの門と、粘土と砂を突き固めた築地塀《ついじべい》の一部が復元されていた。古代律令国家の北方政策の拠点だった秋田城跡（秋田市）。四・五メートルある塀の高さは、発掘された底面の幅（二・一メートル）から想定されたもので、周囲を威圧するに十分な迫力である。

その威圧の対象であった夷俘《いふ》――蝦夷《えみし》とも呼ばれた人々が、平安時代前期の元慶《がんぎょう》二年（八七八）三月に反乱を起こした。正史『日本三代実録』は、秋田城をはじめ近辺の役所や民家を焼き打ちしたと伝える。

夷俘にしろ蝦夷にしろ、国家の周縁に居住していた人々に対する蔑称《べっしょう》。中央政府としては、彼らを「暴悪を性《せい》と為《な》す」とさげすみ追討を命じるのは当然だったろう。ところがこの命令には続けて「醜類《しゅうるい》（蝦夷）責むべしと云《い》ふと雖《いえど》も、抑《そもそ》も亦《また》国宰《こくさい》も良からず」とある。国宰とは国司のことで、乱の原因は、地元出羽国や秋田城の悪政にある、と言っているのだ。

> 出羽国守《いではのくにのかみ》正五位下藤原《ふじわらの》朝臣《あそん》興世《おきよ》、飛駅《ひえき》して上奏しけらく、「夷俘《いふ》叛乱《はんらん》し、今月十五日秋田の城弁《ならび》に郡院の屋舎、城辺の民家を焼き損《そこな》ふ。仍《よ》りて且《か》つは鎮兵を以《もち》て防守し、且つは諸郡の軍を徴発せり」と、勅符《ちょくふ》に曰《のたま》ひけらく、「（中略）犬羊《けんよう》の狂心、暴悪を性《せい》と為《な》す。追討を加へずば何ぞ懲乂《ちょうがい》する有らむや。（後略）」と。
>
> 『読み下し 日本三代実録 下巻』（武田祐吉・佐藤謙三訳、戎光祥出版）より

日本三代実録《にほんさんだいじつろく》　清和《せいわ》、陽成《ようぜい》、光孝《こうこう》天皇の時代（八五八～八八七年）を漢文編年体で記した勅撰《ちょくせん》国史。全五〇巻。源《みなもとの》 能有《よしあり》、藤原《ふじわらの》時平《ときひら》、菅原《すがわらの》道真《みちざね》らの編で、延喜《えんぎ》元年（九〇一）に完成した。『日本書紀』に始まる六つの正史（六国史《りっこくし》）の最後にあたり、多くの年中行事や詔勅、上奏文を収録している。地震や噴火など自然災害の記録も詳しく、貞観《じょうがん》地震（八六九年）の津波被害の記述は、東日本大震災（二〇一一年）で改めて注目された。

秋田城跡ではかつての風景が一部復元されている。復元された外郭東門と築地塀が、秋空とともに手前の「古代沼」に映る＝鈴木竜三撮影

政府が乱鎮圧のため派遣した藤原保則《ふじわらのやすのり》の没後一二年にまとめられた『藤原保則伝』がそのあたりの事情に詳しい。秋田城司らが「私《わたくし》に租税を増して」、また権門（中央貴族）の子が特産品の「善き馬良き鷹《たか》」を現地で買いたたいた結果、蝦夷たちは「怨を畳《かさ》ね怒を積《つも》りて叛逆《はんぎゃく》を致せり」というのである。地方だけでなく中央も含めて、私利私欲に走った政《まつりごと》の腐敗の結果といえよう。

正史を読み進めると、反乱軍は「秋田河（雄物《おもの》川《がわ》）以北を己《おの》が地と為《な》さむ」と独立を宣言。政府軍は陸奥《むつ》国からの応援を得て兵五〇〇〇で川北の秋田城に再び入ったが、奇襲を受け大敗、甲冑《かっちゅう》三〇〇、軍馬一五〇〇など多数の武器や兵糧《ひょうろう》を奪われてしまった。

秋田城跡の発掘調査では、西側の倉庫群を除いたほぼ全域で、焼けた土や白壁、柱など九世紀後半の火災跡が確認された。秋田市立秋田城跡歴史資料館の伊藤武士《いとうたけし》事務長は、「秋田城が広範囲に焼き打ちされたことを裏付けるとともに、反乱軍は倉庫群には火をかけず、物資を無傷のまま持っていったことがうかがえます」と話す。

戦況は六月上旬ごろ着任した藤原保則の奇策で逆転している。それは反乱軍にくみしない蝦夷勢力を味方に付け、「夷を以《もち》て夷を撃つ」作戦だった。同時に彼は、降伏を願い出た反乱軍が提出した「愁状《しゅうじょう》」に、「詞旨深切《しししんせつ》にして甚だ理致《りち》有り」と共感できる人物であった。

形勢有利とみた政府は翌年一月、大軍による征討を命じた。これに対し、征討の中止を説いた保則の建言は、時の政治に対する痛烈な批判といえる。

「国内の黎民《れいみん》（公民）苛政《かせい》に苦《くるし》み、三分の一は奥地に逃《とう》入《にゅう》し、遺《のこ》りし民は、数年の弊《へい》を承《う》けて自存《じぞん》の方《ほう》無し。況《いわ》むや軍《いくさ》興りて以来は、軍粮《ぐんろう》を運転し、去今《きょこん》の両年少時《しばらく》も息《や》まず、無用の卒（兵士）部内を騒動して、救ひを待てる処還《ところかえ》りて巨害を致す」

政府は三月に諸国の兵の帰還を命じ、一年にわたる乱は終息した。追従《ついしょう》も忖度《そんたく》もせず、決然と正論を主張した古代の行政官の姿は、現代のわたしたちに政と官のあるべき姿を問いかけている。

（池田和正／二〇一八年一〇月二三日）

政庁跡上空から外郭東門方向をかなたに望む。この一帯の建物跡から火災跡が確認された（小型無人機から）

アクセス

秋田城跡はＪＲ秋田駅からバスで約20分。史跡内にある秋田城跡歴史資料館では、豊富な文字資料（木簡《もっかん》、漆紙文書《うるしがみもんじょ》）を含む出土遺物を公開している。

◆『日本三代実録』とその時代

858年　入唐僧《にっとうそう》・円珍《えんちん》帰国。藤原良房、清和天皇の事実上の摂政となる
862年　中国の暦法「宣明暦《せんみょうれき》」を採用。1684年まで使用された
864年　富士山が噴火
866年　大納言 伴善男《とものよしお》、伊豆へ配流（応天門の変）
869年　貞観地震。陸奥国に大津波
878年　出羽国で蝦夷が蜂起（元慶の乱、～879年）
887年　藤原基経、正式に関白となる
894年　遣唐使派遣中止
901年　菅原道真、大宰府に左遷

◆解く　北方地域全体の事件、詳細に

熊田亮介《くまたりょうすけ》　秋田大学名誉教授

『日本三代実録』は藤原保則からの報告として、反乱を起こしたのは秋田城下の蝦夷村一五村のうち一二村と伝えている。「津軽の俘囚《ふしゅう》で反乱側に加担しなかった者」という記述から津軽（青森県）の蝦夷も加担していたことは確実で、多くの公民が苛政に反発して奥地に逃亡したともある。蝦夷と公民が連携し、出羽国にとどまらず津軽、渡嶋《わたりしま》（北海道）も含む北方地域全体を巻き込んだ事件だった。

このように同書は事件の経過を詳細に報告しながらも、出羽国からの報告二件と、政府の命令一件については「史欠く」として本文を伝えていない。その内容は後に続く命令や報告から具体的に復元でき、一つの報告は「政府軍についた蝦夷が反乱軍を打ち破った」、また政府の命令は「諸国の兵を動員して蝦夷の本拠地を征討せよ」という趣旨だったことがわかる。

戦況を大きく変えた合戦だったが、実のところ蝦夷同士の戦いで、政府軍が勝ったわけではなかった。征討令は保則の建言によって実現することはなかった。いずれも正史の編纂《へんさん》にあたり、公にするには不都合と判断されて削除されたのだろう。

（二〇一八年一〇月二三日）

義侠心の「新皇」在位は五〇日余

17 将門記　茨城県坂東市　菅生沼ほか

「苟《いやし》くも将門《まさかど》は刹帝《せってい》の苗裔《びょうえい》にして、三世の末葉なり。同じくは（坂東）八国より始めて、兼ねて王城（京都）を虜領《りょりょう》せむと欲《おも》ふ」。（中略）斯《ここ》において自ら製して諡号《いみな》を奏す。将門を名づけて新皇と曰《い》ふ。
『将門記　陸奥話記　保元物語　平治物語　新編日本古典文学全集41』（柳瀬喜代志ほか校注・訳、小学館）より

将門記《しょうもんき》　平将門《たいらのまさかど》の一代記。著者不明。成立時期については巻末近くに見える天慶《てんぎょう》三年（九四〇）から一一世紀代まで諸説ある。承平《じょうへい》年間の平国香《くにか》、良兼《よしかね》、貞盛《さだもり》ら平氏一門との争いから、常陸国衙《ひたちこくが》との合戦、新皇即位を経て敗死するまでを詳述しており、将門の和歌や、坂東独立について摂関家に弁明した書状も収める。合戦に伴う略奪・暴行についても生々しく記録しており、後世の軍記物語一般とは大きく異なる。

ヨシ群落の中に迷路のように入り組んだ澪筋《みおすじ》が流れる沼は、なるほど身を隠すのに格好の場所である。茨城県南西部、坂東市と常総市を画する菅生沼《すがおぬま》は、かつてこの一帯に点在した湖沼の面影を唯一とどめている。

『将門記』によれば平安時代中期の天慶三年（九四〇）二月一三日、平将門《たいらのまさかど》はいとこで宿敵の平貞盛《さだもり》らの軍勢をおびきよせようと兵を率いて「広江《ひろえ》」に身を隠した。沼に臨む台地上にある延命院《えんめいいん》には将門の胴塚がある。翌日戦死を遂げた場所はこのあたりかもしれない。

現在の坂東市など下総国猿島郡《しもうさのくにさしまぐん》を本拠としていた将門は前年一二月一九日、坂東八か国の国司を独自に任命して新国家を樹立、桓武《かんむ》天皇の後胤《こういん》であることを根拠に自ら「新皇」と称した。

当時は、朝廷から強大な権限を委譲された受領《ずりょう》国司の苛政《かせい》と汚職が横行し、地元豪族や農民を苦しめていた。「将門は素《もと》より侘人《わびびと》を済《たす》けて気を述《の》ぶ。便《たより》なき者を顧みて力を託《つ》く」。将門は世の中に受け入れられない人、頼

近世以前の景観をとどめる菅生沼を南側からのぞむ。遠く左奥が将門が営所をかまえたといわれる坂東市岩井方面（小型無人機から）＝鈴木竜三撮影

るべき者を持たない人を助けようという義侠心《ぎきょうしん》から立ち上がったのだ。

その力の源泉は、坂東全域を席巻する機動力を持った騎馬軍団だった。

「各《おのおの》竜の如きの馬に騎《の》る。皆雲の如きの従を率ゐる。鞭《むち》を揚げ蹄《ひづめ》を催して、将《まさ》に万里《ばんり》の山を越えむとす」

坂東郷土館ミューズの板垣隆《いたがきたかし》・企画専門員は、「将門の騎馬軍団は、この地の歴史と風土が生み出したものです」と強調する。

前述したように、猿島郡一帯は当時多くの湖沼が点在していた。現在谷部に広がる水田は江戸時代に干拓されたもので、耕地と呼べるものは、谷奥のわずかな土地しかなかった。「人々は農耕に向かない低湿地を逆手にとって、湖沼を天然の柵とする馬牧《うままき》、そして武具や馬具をつくる製鉄を営んでいたのです」

将門の石井《いわい》営所の故地といわれる同市岩井。将門を祭神とする国王神社や将門がのどを潤した井戸などゆかりの旧跡が点在しているが、営所との関連で興味深いのはむしろ周辺に残る地名だ。馬立《またて》、駒跳《こまはね》、弓田《ゆだ》など兵馬ゆかりのものがあり、長須《ながす》は『延喜式』が記載する官牧・長洲牧《ながすのまき》の所在地とされている。金久僧《かなくそう》という地名もある。たたら製鉄に伴う不純物、金屎《かなくそ》に由来するとみられ、実際に金屎が出土しているという。

将門の新皇在位はわずか五〇日余りで終わった。朝廷が押領使《おうりょうし》に任じた藤原秀郷《ふじわらのひでさと》や貞盛の連合軍四〇〇〇余との合戦に敗れ、あっけなく敗死してしまったのだ。このとき普段は八〇〇〇余いた将門の兵は、一〇〇〇にも満たなかった。正月下旬に諸国の兵士を帰国させていたのだ。新暦の三月初旬にあたり、ちょうど田起こしなど農耕が始まる時期だったためとみられる。

これもまた、「便なき者」をいたわる将門らしいといえるかもしれない。

（池田和正／二〇一八年六月一九日）

平将門ゆかりの延命院。奥の巨木の根元が胴塚といわれる（坂東市で）

将門の乱当時の湖沼（水田の分布より推定）

アクセス

菅生沼は常磐自動車道谷和原《やわら》インターチェンジ（ＩＣ）から車で約20分。茨城県の自然環境保全地域に指定されており県自然博物館が隣接する。国王神社は圏央道坂東ＩＣから車で５分。

◆『将門記』とその時代

926年	契丹《きったん》が渤海《ぼっかい》を滅ぼす	936年	高麗《こうらい》が朝鮮半島を統一
930年	藤原忠平、朱雀天皇の摂政になる（摂関政治の復活）	939年	将門、坂東諸国の国府を襲い新皇を称す。瀬戸内で藤原純友の乱（～941年）
935年	坂東で平氏一門の内戦始まる。将門、伯父国香《くにか》を殺害。この頃、紀貫之『土佐日記』成立	940年	将門敗死
		960年	中国で宋が建国

◆解く　謎の時代　信頼できる史料

川尻秋生《かわじりあきお》　早稲田大学教授

九世紀末を最後に日本では正史（六国史《りっこくし》）が途絶え、史料の少ない一〇世紀は謎の時代と言われる。そのような中で『将門記』は漢籍による修飾も見られるが、事実関係については同時代の京都の貴族の日記や信頼できる古記録と一致する部分が多い。基本的には史料として十分信頼することができる。

古来議論になってきたのは、①将門が坂東八か国を手中にしたのか、②「新皇」を称したのか――の真偽だ。いずれも他の確かな史料で裏付けることはできないが、①については、天慶二年（九三九）一二月から翌年三月にかけて京にもたらされた将門反乱の情報が駿河《するが》、甲斐《かい》、信濃《しなの》など坂東外の国からの発信であることから、将門が坂東八か国を掌握していたことは傍証とみることができる。②も将門周辺に演出者にふさわしい人物を見いだすことができ史実とみてよい。

平貞盛《たいらのさだもり》、源経基《みなもとのつねもと》ら将門鎮圧に携わった地方の軍事貴族たちは、恩賞で四位や五位に昇進し、検非違使《けびいし》や諸国の受領に取り立てられた。その地位は「兵《つわもの》のイエ」として世襲され平清盛《きよもり》や源頼朝《よりとも》に連なっていく。将門の乱は、後の武士発生の起爆剤になったといえるだろう。

（二〇一八年六月一九日）

花山天皇退位　見届ける晴明

18　大鏡　京都府京都市　元慶寺ほか

永観《えいかん》二年八月二十八日に天皇の位におつきになりました。時に御年十七歳でいらっしゃいました。寛和《かんな》二年六月二十二日の夜、嘆かわしゅうございましたのは、誰にもお知らせにならず、こっそりと花山寺《はなやまでら》にいらっしゃって、ご出家入道なさいましたことでした。時に御年十九歳でいらっしゃいました。ご治世は、わずかに二年間で、その後、法皇として二十二年間ご在世になりました。

『大鏡 全現代語訳』（保坂弘司、講談社学術文庫）より

大鏡《おおかがみ》　平安時代の摂関政治で最盛期を迎えた藤原氏の栄華を、人物を中心とした紀伝体で描く。一九〇歳の大宅世継《おおやけのよつぎ》と一八〇歳の夏山繁樹《なつやまのしげき》が昔話をする対話形式をとり、語りの場は一〇二五年に設定されている。天皇は文徳《もんとく》から後一条《ごいちじょう》、藤原氏は冬嗣《ふゆつぐ》から道長《みちなが》を対象とする。道長の栄華を説くことが主眼で一〇七〇〜八〇年前後の成立とみられる。作者には諸説ある。

平安時代の九八四年に即位した花山《かざん》天皇はわずか二年後、一九歳で退位した。娘を天皇に嫁がせて外戚関係を結び繁栄を競う。こうした藤原氏内部の権力争いが天皇をも翻弄《ほんろう》した。

時の権力は藤原兼家《ふじわらのかねいえ》が握っていた。病死した長兄伊尹《これまさ》の後継を次兄兼通《かねみち》と争い、いったんは敗れたが復権する。娘詮子《せんし》と先帝円融《えんゆう》天皇との間には懐仁《やすひと》親王（後の一条《いちじょう》天皇）が生まれた。花山天皇の母は伊尹の娘。兼家は孫の懐仁親王の即位を望んだ。

内裏から花山寺、今の元慶寺《がんけいじ》へは兼家の息子道兼《みちかね》が同道。道兼は約束する。

「私も剃髪《ていはつ》し、お弟子としてお仕えいたしましょう」

花山天皇がためらう度に「帝位の御しるしの神璽《しんじ》も宝剣もすでに皇太子の御方にお渡りになってしまいました」「いまこの機会をおはずしになったら、ひょっとしてご出家のじゃまも出てまいるであろう」と説いて急か《せ》した。ところが、出家を見届けると立ち去り、花山天皇

住宅地の路地の奥にたたずむ元慶寺。江戸時代に再建され、花山天皇が出家したことを示す「御落飾道場」の石柱がある。天皇は夜、ひっそりと内裏から寺へと向かった（京都市山科区で）＝河村道浩撮影

は気付く。

「さては私をだましたのであったなあ」

『大鏡』で、花山天皇は内裏を発《た》って間もなく、陰陽《おんみょう》師《じ》安倍晴明《あべのせいめい》の家の前を通る。そして、晴明の声を聞く。

「天皇がご退位になると占われる天変があったが、もうすでにご退位が実現してしまったと見えるぞ」

大東文化大学東洋研究所兼任研究員の山下克明《やましたかつあき》さんは「実際にこうした場面があったかどうかはわからないが、『大鏡』が成立した頃、晴明は既に伝承化されていた」と言う。

七〇一年制定の大宝《たいほう》律令は、官庁の一つとして陰陽寮を設け、陰陽師を吉凶を占う官僚と位置づけた。「疫病や天災の原因を占い、『祟《たた》りではないか』となれば呪術や祭りで対処する。平安貴族にとって最も身近な『宗教家』になっていった」（山下さん）。

晴明は八五歳の長寿だった。代々の天皇や藤原氏の実力者に仕え、陰陽師の象徴として語り継が

晴明神社の本殿前にある「安倍晴明公像」（京都市上京区で）

れた。今も小説や映画でイメージは膨らみ続ける。晴明神社宮司の山口琢也《やまぐちたくや》さんは「目に見えないものへの怯《おび》えは平安時代も今も変わらない。どうすれば良いのかを示してくれる晴明さんのような存在を求めているのでしょう」と話す。

『大鏡』での晴明は花山天皇退位の天変を知りながら、食い止める手立てを講じなかった。なぜか。

三島由紀夫の短編に『花山院』がある。三島は花山寺に向かう天皇を見送る晴明に言わせている。

「上皇としての御半生のほうが、前《さき》の御半生よりもはるかに安らかな愉《たの》しい月日となりますように」

花山天皇には艶聞《えんぶん》や奇行が絶えなかったが、歌詠みとしては高く評価された。退位後は『拾遺和歌集』の選にあたり、仏道修行にも励んだという。

晴明には花山天皇の退位後も見えたのかもしれない。

（渡辺嘉久／二〇二〇年四月一四日）

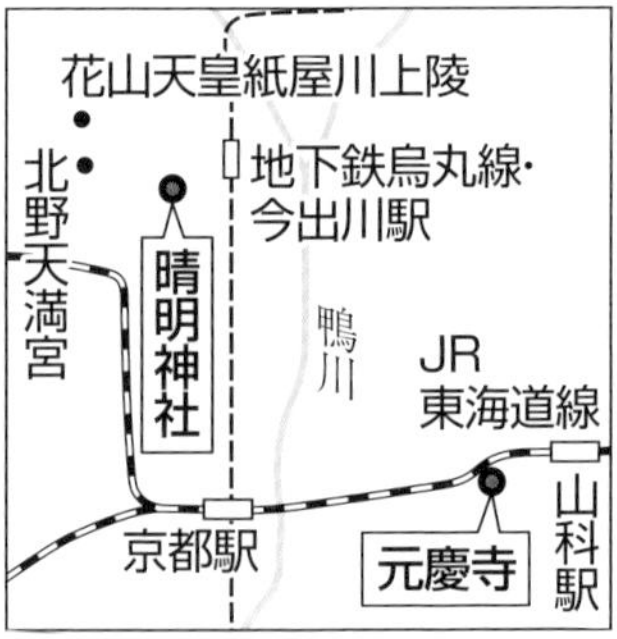

アクセス

元慶寺へはＪＲ山科駅から徒歩約20分。晴明神社へは地下鉄今出川駅から同10分強。北野天満宮からは花山天皇紙屋《かみや》川上陵《がわのほとりのみささぎ》、陰陽道ゆかりの大将軍八神社も近い。

◆『大鏡』とその時代

821年	藤原冬嗣が右大臣に
850年	文徳天皇即位、母は冬嗣の娘
866年	藤原良房が摂政に、皇族以外としては初
978年	藤原兼家が右大臣に
980年	兼家の娘詮子が懐仁親王（一条天皇）出産
986年	花山天皇退位。一条天皇即位、兼家摂政に
995年	藤原道長が右大臣に
1000年	道長の長女彰子《しょうし》が一条天皇の中宮に
1005年	安倍晴明没
1010年	道長の次女妍子《けんし》が居貞《おきさだ》親王（三条天皇）の妃に
1016年	道長摂政に
1018年	道長の三女威子《いし》が後一条天皇の中宮に

◆解く　藤原氏の栄華　客観的に描く

桜井宏徳《さくらいひろのり》　大妻女子大学准教授

『大鏡』は、皇族以外で初めて摂政になった藤原良房《ふじわらのよしふさ》の父冬嗣《ふゆつぐ》に始まり、娘三人を三代続けて天皇に嫁がせ、「一家三后《いっかさんこう》」を実現した道長《みちなが》の時代までを描く。外戚関係を権力の源泉とした摂関政治のスタートから頂点までを振り返る狙いがあったと思われる。

内容は歴史的事実をおおむね踏襲し、藤原氏の栄華を客観的にとらえている。当時の貴族による日記など、良質な史料にも恵まれたようだ。

人物ごとに章を立てる構成の中で、花山天皇は特殊な存在だ。本人以外の章への登場が目立つ。二年で退位させられた悲劇と数々の奇行が伝えられていたからだろう。道長にかかわるエピソードも多い。道長の母と花山天皇の乳母は姉妹で、二人は若い頃からの遊び友達だったようだ。

安倍晴明は道長側近の陰陽師で、花山天皇の運命を見届ける人物として登場する。晴明は退位を天命と受け止めたのではないか。花山天皇は退位後を、より思い通りに生きたようだ。復権を目指した形跡もない。

平安時代は政争が激しく、敗者の怨霊は祟《たた》ると考えられていた。『大鏡』は北野天満宮に祭られる菅原道真《すがわらのみちざね》の怨霊にも触れている。花山天皇は例外だった。

（二〇一〇年四月一四日）

荒ぶる神　心うたれた少女

19　更級日記　静岡県富士市、富士宮市

富士の山はこの国なり。（中略）その山のさま、いと世に見えぬさまなり。さまことなる山の姿の、紺青《こんじょう》を塗りたるやうなるに、雪の消ゆる世もなくつもりたれば、色濃き衣《きぬ》に、白き衵《あこめ》着たらむやうに見えて、山の頂の少し平らぎたるより、煙は立ち上《のぼ》る。夕暮は火の燃え立つも見ゆ。

『更級日記』（原岡文子訳注、角川ソフィア文庫）より

更級日記《さらしなにっき》　平安時代の日記文学。菅原孝標女《すがわらのたかすえのむすめ》の著。作者五二歳の康平《こうへい》二年（一〇五九）以降に成立した。『源氏物語』に憧れた少女期から、宮仕えと結婚、夫との死別を経て、阿弥陀仏の来迎《らいごう》を願う晩年に至る人生を回想している。現存写本のうち祖本とされる藤原定家《ふじわらのていか》自筆本は宮内庁三の丸尚蔵館の所蔵。

山は青く、谷筋に積もった雪が白く輝く。空気が澄んだ早春の富士はひときわ美しく大きく見えた。静岡県富士市や富士宮市からは、円錐《えんすい》形の山容の広がりを見ることができる。

平安時代の寛仁《かんにん》四年（一〇二〇）、駿河《するが》国と呼ばれたこの地から富士山を望み、青と白のコントラストに心うたれた一三歳の少女がいた。国司の任期を終えた父に従い、上総《かずさ》国（千葉県）から帰京する道すがらのこと。その旅行記を収める『更級日記』は、菅原孝標女《すがわらのたかすえのむすめ》晩年の執筆だが、「濃い衣の上に、白い衵《あこめ》を着ているよう」という初々しい例えは、少女時代の見立てがそのまま長く記憶に残っていたということだろう。

注目されるのは、山頂から「煙は立ち上《のぼ》る」という記述だ。

奈良時代から平安時代にかけて、富士山は噴火を繰り返した。中でも『日本三代実録《にほんさんだいじつろく》』が伝える貞観《じょうがん》六年（八六四）の噴火は北麓に溶岩流が押し寄せ、「剗《せ》の海」と

東名高速道路富士川サービスエリア（左手前）からは富士川越しに富士山を望める。上空からは裾野の先端まで見ることができた（小型無人機から）＝鈴木竜三撮影

呼ばれた湖を分断し、家々をのみ込むなど大きな被害をもたらした。

富士山かぐや姫ミュージアム（富士市立博物館）の杉《すぎ》本寛郎《もとひろお》学芸員は、「『更級日記』の記述から、このころの富士山は、常に噴煙を上げていたことがわかります」と話した。続く「夕暮は火の燃え立つも見ゆ」という描写は、火口の熱が雲や噴煙に映える火映《かえい》現象の貴重な観察記録とされている。

山そのものが神とみなされ、噴火は神の怒りと信じられた時代だった。当時の記録には浅間大神《あさまのおおかみ》の名で登場し、人はその怒りを鎮めるため高い神階（神に与える位階）を奉り、麓で祭祀《さいし》を繰り返した。富士宮市の富士山本宮《ふじさんほんぐう》浅間大社《せんげんたいしゃ》はじめ、多数の浅間神社が山を囲むように鎮座しているのは、荒ぶる神へのただならぬ畏怖の表れといえる。

しかし、この神はただ単に災いをもたらすだけではなかったとみえる。少女は地元の人から、次のような話を聞いている。先年、富士川の川上から流れてきた紙を拾ったら、諸国の国司の人事が朱書きされていた。はたして翌年その通りになったというのである。だからその人

富士山本宮浅間大社の湧玉池から勢いよく流れ出る清水

は来年の人事も、「この山に、そこばくの神々集まりてないたまふ（お決めになる）」と結論づけるのだった。

　実入りがいい国司の任を終えたばかりの父孝標にとって次の人事は大きな関心事だったはずで、こんな話を吹き込む人がいたのだろう。すでに神に対する現世利益《げんぜりやく》的な信仰があったことがうかがえる。

　このほか彼女は歌枕として名高い田子《たご》の浦に触れ、「田子の浦は浪《なみ》高くて、舟にて漕《こ》ぎめぐる」と書いた。

　杉本さんは、各地で発掘された集落遺跡の分布や文献史料から、当時の東海道は海岸沿いだけでなく富士南麓の丘陵端部を通るルートもあり、必ずしも海路を通る必要はなかったと指摘する。「漕ぎめぐる、という表現から、海に出て富士山を遊覧したと思われます」

　富士山本宮浅間大社蔵の室町時代の「富士曼荼羅《まんだら》図」にも、駿河湾上の小舟やお茶を販売する人が描かれており、中世に遊覧船とそれを相手にするサービス業が成立していた様子が見られるという。時代を隔てても富士を愛でる日本人の心は変わらないようだ。

（池田和正／二〇一九年三月五日）

アクセス
富士市は東海道新幹線・新富士駅下車。富士山本宮浅間大社はＪＲ富士宮駅から徒歩10分。

◆『更級日記』とその時代

1008年	菅原孝標女生まれる。この頃『源氏物語』が流布
1017年	孝標、上総介《かずさのすけ》となる
1019年	藤原道長出家
1020年	孝標、任期を終え帰京
1033年	富士山噴火
1040年	孝標女、橘俊通《たちばなのとしみち》と結婚
1051年	前九年合戦（～62年）
1052年	日本で末法初年とされる
1058年	橘俊通没
1059年	『更級日記』この年以降成立
1068年	摂関家を外戚としない後三条天皇が即位
1083年	富士山噴火

◆解く　古代富士信仰の最終形態

笹生衛《さそうまもる》　國學院大学教授

富士山の西を流れる富士川について、『更級日記』は「富士の山より落ちたる水なり」と書く。九世紀後半に著された『富士山記』にも、「大泉あり。腹下より出《い》で、遂《つい》に大河となる」とあることからも、菅原孝標女の記憶違いではなく、当時はそのように理解されていたとみるべきだろう。川上から流れてきた国司の人事は、まさに神の意思にほかならない。

富士の神、浅間大神は、人間の生命維持に不可欠な水を安定的に恵む神としても信じられていたようだ。それを象徴するのが、富士山本宮浅間大社の境内にある国の特別天然記念物、湧玉池《わくたまいけ》だ。富士山の豊富な伏流水が溶岩の間から湧出《ゆうしゅつ》しており、ここを神の働きが現れる場とみて、祭祀を行ったのが同社の起源だったと考えられる。

『更級日記』成立から間もない永保《えいほう》三年（一〇八三）の噴火を最後に、火山活動は沈静化していく。これを受けて、富士山は修験《しゅげん》の山となり、浅間大神は、大日如来を本地仏とする浅間大菩薩《せんげんだいぼさつ》に変化する。『更級日記』は古代の富士信仰の最終形態を伝える、貴重な記録といえるだろう。

（二〇一九年三月五日）

前九年合戦　安倍氏の無法を強調

六箇郡《ろっかぐん》の司《つかさ》に、安倍頼良《あべのよりよし》といふ者有り。是《こ》れ同じく忠良《ただよし》が子なり。父祖の忠頼《ただより》は、東夷《とうい》の酋長《しゅうちょう》なり。威名は大いに振《ふる》ひ、部落は皆服せり。六郡に横行し、人民を劫略《ごうりゃく》す。子孫尤《もっと》も滋蔓《じまん》し、漸《ようや》く衣川《ころもがわ》の外に出《い》づ。賦貢《ふこう》を輸《いた》さず、徭役《ようえき》を勤むること無し。（中略）是《ここ》に於《お》て朝廷議《ぎ》有りて追討将軍を択《えら》ぶ。衆議の帰する所、独り源朝臣頼義《みなもとのあそんよりよし》に在り。

『将門記　陸奥話記　保元物語　平治物語　新編日本古典文学全集41』（柳瀬喜代志ほか校注・訳、小学館）より

陸奥話記《むつわき》　前九年合戦の始末を記した漢文による軍記。著者不明。巻末の注記に「国解《こくげ》の文」（国府の公文書）と「衆口の話」（人々の語り）を集めて一巻にまとめたとある。平安時代末の『扶桑略記《ふそうりゃっき》』『今昔物語集』に「奥州合戦記」などとしてほぼ同じ内容が抄出されており、このころまでには原書が成立していたとみられる。現存する伝本は江戸時代以降のもの。

20　陸奥話記　岩手県金ケ崎町　鳥海柵跡ほか

高さ一〇メートル近くある断崖は、高台の遺跡と周囲の水田地帯とを明瞭に画している。岩手県金ケ崎町《かねがさきりょう》の鳥海柵跡《とのみのさく》。平安時代中期、北上川中流域の奥六郡に勢力を誇り、陸奥守《むつのかみ》源《みなもとの》頼義《よりよし》との戦いで滅びた安倍氏の本拠地である。

源氏台頭のきっかけとなったこの前九年合戦を記録する『陸奥話記』は、冒頭で安倍頼時《あべのよりとき》（初名は頼良）の無法を強調する一方で、彼は新任の源氏の棟梁《とうりょう》には「身を委ねて帰服」したと伝える。事件は頼義の任期最後の天喜《てんぎ》四年（一〇五六）に起こった。頼義が鳥海柵近くの胆沢城《いさわじょう》から国府に戻る途中、部下が襲撃された。嫌疑は頼時の長男貞任《さだとう》にかかった。貞任は被害者の妹との結婚を身分違いだとして断られていた。だから恨んでいるに違いない、というのである。

いかにも一方的な判断だが、あるいは頼時を挑発して挙兵させる策略だったのかもしれない。父親として頼時が反発するのは当然だろう。「人倫《じんりん》の世に在るは、皆妻

自然の沢がつくる堀と断崖（手前の木々の下部）で守られた鳥海柵跡。遺跡を縦断する東北自動車道は、古代からこの地が交通の要衝だったあかしでもある（小型無人機から）＝鈴木竜三撮影

子の為《ため》なり。貞任は愚かしと雖《いえど》も、父子の愛、棄《す》て忘るること能《あた》はず」と決然と反旗を翻した。

鳥海柵跡の発掘調査では、安倍氏が合戦に備えて建造したとみられる一一世紀中ごろの遺構が確認された。南と東に自然の沢と崖がある一角では、北と西に堀を巡らせた方形の区画が造成され、堀に沿った柵列跡や、物見櫓《ものみやぐら》とみられる一間四方の建物跡が確認された。廂《ひさし》付きの大型建物跡も見つかり鳥海柵の中心部とみられる。

『陸奥話記』は鳥海柵とは別の安倍氏の柵について、「河岸は三丈（約九メートル）有余、壁立《へきりつ》して途無し。其《そ》の内に柵を築き、之《これ》に居《を》る。河と柵との間、亦《また》隍《みぞ》を掘る」と描写する。金ケ崎町教育委員会の浅利英克《あさりひでかつ》さんは、「鳥海柵跡の遺構とまさしく一致し、著者が当時この地方の城柵について正確な情報を得ていたことがわかります」と語る。

合戦は、翌年頼時が流れ矢を受けて死んだあとも安倍氏が圧倒的に優勢だった。自前の兵を持つ安倍氏と、持たぬ源氏の違いである。ところが康平《こうへい》五年（一〇六二）、出羽国山北《せんぼく》（秋田県）の清原武則《きよはらのたけのり》が兵一万余を率いて頼義に加勢すると、安倍氏はわずか一か月で滅んだ。真の勝者は、安倍氏に取って代わり、鎮守府将軍の地位も得た清原氏といえるだろう。

鳥海柵跡に咲くハス

金ヶ崎町内には、安倍氏の墓や供養塔はない。あるのは源頼義と嫡男義家《よしいえ》が勧請《かんじょう》した社寺か、義家に懸想し裏切り者として殺された安倍氏の娘の悲話など、いずれも源氏を顕彰し、安倍氏をおとしめる伝承である。

そのような中で、北上川そばの金ヶ崎神社（諏訪社）が興味深い。ここも頼義の勧請と伝わるが、その祭日七月二七日は、貴族の日記を抄出した『百錬抄《ひゃくれんしょう》』が伝える安倍頼時の命日（七月二六日）と一日違いなのだ。「負傷して北上川を下った頼時がここに流れ着いたという伝承もあります。源氏の神社であっても、人々は安倍氏を弔っていたのでは」。浅利さんはそう語るのだった。

（池田和正／二〇一八年八月二八日）

アクセス

鳥海柵跡は東北自動車道水沢インターチェンジ（ＩＣ）から車で５分。ＪＲ金ケ崎駅から徒歩20分。胆沢城跡は水沢ＩＣから車で５分。

◆『陸奥話記』とその時代

1008年	この頃『源氏物語』の一部が成立し流布
1027年	藤原道長没
1028年	平忠常の乱（～31年）
1051年	源頼義、陸奥守として赴任
1052年	安倍頼良、頼義に帰順して名を頼時と改める
1053年	平等院鳳凰堂建立
1056年	頼義、頼時追討の兵をおこす
1057年	頼時死。子貞任、頼義に大勝
1062年	頼義、貞任を討つ
1083年	後三年合戦（～87年）
1086年	白河天皇譲位。院政始まる
1105年	藤原清衡、中尊寺造立着手

◆解く　北方交易を巡る源氏との争い

入間田宣夫《いるまたのぶお》　東北大学名誉教授

『陸奥話記』は冒頭で安倍氏を「東夷の酋長」と異民族視している。このため前九年合戦は、中央政府の支配に抵抗する蝦夷《えみし》と、これを追討する源氏との争いと考えられがちだが、同書は源氏を正当化する立場で書かれており、そのまま信じることはできない。

歴史の実像への手がかりとして注目しているのが、『陸奥話記』の会話の中で、安倍頼時が「安大夫《あんだいふ》」と呼ばれている箇所だ。安は安倍の略、大夫は国府などの役人を指す言葉で、潤色を免れた本来の安倍氏の地位を示すものとみられる。安倍氏は蝦夷ではなく、京から役人として下ってきた貴族が、在地の有力者と縁組をして土着したものと考えられる。鳥海柵跡で国司の館と共通する大型建物跡が確認され、官人が身につけるベルトの金具が出土しているのは、そんな安倍氏の立場を物語るものだ。

安倍氏の歩みは一一世紀に各地に出現した兵《つわもの》＝武士団の成立過程そのもので、源氏や平氏と変わらない。前九年合戦の本質は、北方との交易で富や利権を得ていた安倍氏と、これを奪おうとする源氏との、兵同士の争いだったとみることができる。

（二〇一八年八月二八日）

兄弟間の激戦　奥州藤原氏誕生へ

力を尽くして攻め戦ふといへども、城、落つべきやうなし。岸高くして、壁の峙《そばだ》てるがごとし。（中略）吉彦秀武《きみこのひでたけ》、将軍に申すやう、「城の中《うち》堅く守りて、御方《みかた》の軍《いくさ》、すでに泥《なず》み侍《はべ》りにたり。（中略）しかじ、戦《いくさ》を停《とど》めて、ただ捲《ま》きて、守り落とさむ。糧食《ろうしょく》尽きなば、さだめて自ら落ちなむ」と言ふ。

『後三年記詳注』（野中哲照著、汲古書院）より

後三年記《ごさんねんき》　前九年合戦（一〇五一～六二年）で安倍氏が滅びた後、勢力を誇った清原氏の内紛に、陸奥守《むつのかみ》として赴任した源《みなもとの》義家《よしいえ》が介入した後三年合戦（一〇八三～八七年）を描いた軍記。清原氏の長男で棟梁《とうりょう》の真衡《さねひら》が権勢を誇りながら急死した後、真衡の死後の領土配分をきっかけに、異父兄弟の清衡《きよひら》と家衡《いえひら》が対立した金沢《かねざわの》柵《さく》合戦の詳細がつづられる。

21　後三年記　秋田県横手市　金沢柵推定地

源氏が陸奥（岩手県など）の安倍氏を滅ぼした前九年合戦。源氏の勝利のきっかけは、隣国・出羽（秋田県など）の清原氏の参戦だった。その戦功で鎮守府将軍の地位を得た清原氏だが、栄華は長続きしない。一族の内紛が発端の後三年合戦が勃発したのである。

秋田県横手市は合戦の最終盤、一〇八七年に兄弟の清衡と家衡の間で起きた戦いの地だ。家衡の拠点・金沢柵は、『後三年記』に「岸高くして、壁の峙《そばだ》てるがごとし」とある要塞《ようさい》。その場所は、室町～戦国期の地元武将の城・金沢城跡と同じ場所と伝えられてきた。長年の発掘でも決定打はないが、横手市文化財保護課専門員の高橋《たかはし》輝幸《てるゆき》さんは、「時代を超えた使用は、防御性に優れていた証拠。この地にあったのは間違いない」と語る。

現在は「金沢公園」として整備されている。深い木々に囲まれた憩いの地は、兄弟の憎悪に満ちた激戦の地とは想像できないほど、静けさに満ちている。

清衡は前九年合戦で安倍氏に味方して敗れた藤原経《ふじわらのつね》

清《きよ》と安倍氏の娘との間に生まれ、敗戦後、清原氏の養子となった。安倍氏の娘は経清の死後、清原氏の棟梁《とうりょう》である武貞《たけさだ》の後妻に。その間に生まれた子が家衡だ。

家衡には自らが清原氏の〝直系〟という意識があった。陸奥守・源義家による領土配分で兄の方に豊かな土地を与えられたことに激怒し、清衡の妻子を殺害。兄弟間の戦争に発展した。

清衡に援助を求められた義家も参戦し、前九年合戦に続いて源氏が介入した戦いとなる。堅固な金沢柵での籠城戦を選択した家衡の討伐に向かうため、進攻した義家・清衡軍は途中、空を飛ぶ雁《がん》の群れの列が乱れたのに気づいた。「雁陣たちまちに破れて四方に散りて飛ぶ」。雁の列の乱れは兵がいる証拠、という兵法の定石《じょうせき》から、草むらに潜む敵を察知し、討ち取った。

『後三年記』は他にも金沢柵の戦いの興味深い逸話を伝える。家衡の側近・千任《ちとう》が櫓《やぐら》から、義家を「不忠不義」と罵倒。前九年合戦で協力関係だった清原氏を攻撃することへの批判だった

「平安の風わたる公園」内にある後三年合戦の古戦場・西沼。源義家が雁の群れの乱れから、草むらに潜む兵の存在を見破ったと伝えられる。雁の形を模した三連橋が整備されている（小型無人機から）＝鈴木竜三撮影

金沢柵推定地周辺。右手前は金沢公園として整備されている。中央左の小山の「陣館遺跡」も、清原氏の関連施設があったとされる

が、名門・源氏を侮辱された義家の怒りはいかばかりであったか。

義家・清衡軍の策は、史上初とも言われる兵糧《ひょうろう》攻めだった。吉彦秀武《きみこのひでたけ》は清原一族の長老で策士。その狙い通り、食糧不足で弱体化した金沢柵は、火を付けられ陥落。家衡は討ち取られ、義家を侮辱した千任は舌を切られて木につるされた。

この戦いは朝廷から義家の「私戦」とされ、正当な勝利とは見なされなかった。不可解な方針には源氏の台頭を恐れる朝廷の深謀遠慮がある。勝者は父の姓・藤原に戻して平泉（岩手県）で奥州藤原氏の礎《いしずえ》を築いた清衡一人と言える。

平泉誕生きっかけの地。激戦の跡地は、そんな歴史的意義も持つ。近年の発掘で、金沢城跡の高さ約五メートルの地点に防御施設の痕跡を確認。ここに櫓があったとすれば、麓で金沢柵を囲む義家に千任の罵声が届き、『後三年記』とも符合する。柵の跡地の特定まで「あと一息なんです」。急峻《きゅうしゅん》な山城跡で、高橋さんは願うように語った。

（多可政史／二〇一九年八月六日）

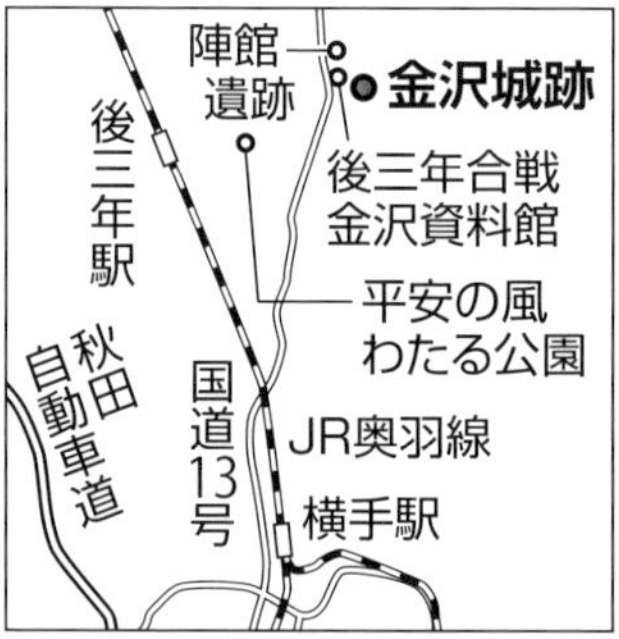

アクセス

金沢柵推定地に位置する金沢公園と後三年合戦金沢資料館は、ＪＲ横手駅前の横手バスターミナルからバス（横手・大曲線）で「金沢公園前」まで約20分。下車後、徒歩３分。

◆『後三年記』とその時代

1063年　源頼義、鎌倉に石清水《いわしみず》八幡宮を勧請《かんじょう》
　清原武則が鎮守府将軍に任ぜられる
1083年　後三年合戦勃発
1086年　源義家が家衡討伐のため参戦
　白河上皇が院政を開始
1087年　義家・清衡連合軍が金沢柵で家衡に勝利
1096年　第一回十字軍開始
1124年　藤原清衡が平泉に中尊寺金色堂建立。この頃『後三年記』も成立か
1127年　北宋、金に滅ぼされる

◆解く　正統性を主張　清衡の思惑

野中哲照《のなかてっしょう》　國學院大学教授

『後三年記』は南北朝期の成立と長く考えられていましたが、平安期に多い丁寧語「侍り」の用法などから、成立は通説より二〇〇年以上さかのぼると考えるのが妥当です。藤原清衡が中尊寺金色堂を建立（一一二四年）し、栄華を誇った頃に側近に書かせたと考えられます。

軍記物ですが、金沢柵の地形の描写などにリアリティーがあり、後三年合戦の詳細を知る史料として貴重です。ただ、元々は清衡・家衡の兄弟間の戦いだったにもかかわらず、勝者側の清衡の存在感は物語の中で希薄。源義家と清原氏の前九年合戦以来の因縁が、終盤の重要なテーマになっています。

金沢柵で千任が、前九年合戦で源氏に協力した清原氏を攻撃する義家を「不忠不義」と罵倒します。金沢柵以前にも同様のことを言われたようで、義家が清原氏への怒りをあらわにする記述があります。

憎悪を募らせた義家が清原氏を滅ぼした合戦は、朝廷に「私戦」と認定されても仕方ない――。『後三年記』には、源氏を突き放した印象が見られます。背景には、清原氏が滅び、源氏が去った後、東北で覇権を握った奥州藤原氏の正統性を主張する清衡の思惑があったのでしょう。平安期、軍記は「世論誘導」の役目を果たしていたのです。

（二〇一九年八月六日）

崇徳敗れ、「武者の世」が到来

保元《ほうげん》元年七月二日、鳥羽《とば》法皇がお亡くなりになってのち、日本国はじまって以来の反乱ともいうべき事件が起こって、それ以後は武者《むさ》の世になってしまったのである。（中略）まさしく王臣入り乱れて都の内で戦うなどという乱は鳥羽法皇の御代《みよ》まではないことであった。大変おそれ多く、また感慨深いことである。

『愚管抄 全現代語訳』（大隅和雄訳、講談社学術文庫）より

愚管抄《ぐかんしょう》 僧・慈円《じえん》（一一五五～一二二五年）が著した全七巻の歴史書。歴代天皇の年代記と、神武《じんむ》天皇から鎌倉時代へと至る通史的な歴史叙述などからなる。歴史に世の中の道理を見いだそうという意識に貫かれており、将軍・源頼朝《みなもとのよりとも》の能力を高く評価している点などが特徴だ。保元の乱についての記述は第四巻にある。

22 愚管抄 京都府京都市 白峯神宮ほか

秋が深まる季節に京都市の中心部を歩くと、鴨川の周りの木々が色づき、水面《みなも》が柔らかな陽光を浴びて輝く。市民や観光客らの姿が絶えないこの一帯は、平安末期の争乱、保元の乱の舞台だった。

保元元年（一一五六）、鳥羽法皇の第一皇子・崇徳《すとく》上皇は、教養も和歌の才もあったが、父との不仲から皇位を退いていた。鳥羽は崇徳のことを、皇后の不義の子ではないかと疑っていたとされる。一方、第四皇子の後白《ごしら》河《かわ》天皇は当時の流行歌に興じてばかりで「今様《いまよう》ぐるい」と評される人物だったが、即位して権力を振るい、将来的に院政を行うと目された。

兄弟は対立を深め、それぞれの周囲に集まる摂関家や武家の有力者たちも反目した。

七月二日、鳥羽法皇が崩御。崇徳は父のもとに駆けつけた。だが、鎌倉初期の天台座主《てんだいざす》・慈円が著した歴史書『愚管抄』は「案内する人すらなかった」と、崇徳への冷遇を伝える。

周囲の草木の秋色を映して穏やかに流れる鴨川。流れは石に当たって波立つと、青く冷たい色に変わっていった。保元の乱では、この辺りで戦が繰り広げられたという＝河村道浩撮影

まもなく、崇徳らが陰謀を企てているとの噂《うわさ》も広まり、崇徳は、黙っていれば自身の身が危うい状況に追い込まれた。

後白河と戦うことを決意した崇徳は、鴨川の東にあった白河北殿《しらかわきたどの》に移った。左大臣・藤原頼長《ふじわらのよりなが》や源為義《みなもとのためよし》らも参集した。川の西では、後白河方の関白・藤原忠通《ただみち》らが開戦の機をうかがっていた。古代の鴨川はよく氾濫し、河原が今よりも広かったという。

同一一日明け方「ようやく法性寺殿《ほっしょうじどの》（忠通）が『それでは、すみやかに敵を追い散らすように』といわれた」。平清盛《たいらのきよもり》ら率いる後白河方の軍が鴨川付近に押し寄せた。迎え撃つ崇徳方は弓矢の名手、源為朝《ためとも》の活躍などで押し返したが、約四時間の攻防は後白河方の勝利に終わった。

白河北殿は焼かれ、頼長は負傷して落命、為義らは死刑に処せられた。崇徳は讃岐（香川県）に流された。

この後、院近臣らの対立から起こった平治《へいじ》の乱、源平合戦など争乱が続く。武士が力を持つ「武者《むさ》の世」が到来した。社会が混乱する中、恐れられたのが、保元の乱の八年後に讃岐で没した崇徳院の「怨霊」だった。

「崇徳上皇を呼び戻して差し上げ、（中略）歌を詠んでおいでになれるようにしてあげていたならば、これほどのことにはならなかった」と『愚管抄』は記す。軍記物語の『保元物語』は、崇徳が「日本国の大悪魔」になると誓い、「生きながら天狗のお姿に」なったと伝える。

崇徳上皇をまつる白峯神宮。蹴鞠の宗家・飛鳥井家の邸宅跡地にある

しかし、存命中の歌には、世のはかなさや極楽往生の願いが表現されている。実際は、現世への執着より諦念の方が強かったかもしれない。

京都御所の北西に崇徳をまつる白峯《しらみね》神宮がある。一八六八年に明治天皇の意思で創建された。北村滋如《きたむらしげゆき》禰宜《ねぎ》は「大政奉還で政治は将軍から天皇の手に戻った。崇徳上皇に対し『もう怒らんといてください』との思いがあったのでしょう」と話す。

神宮に崇徳の肖像画が伝わる。後世の作だが、色白で端正な顔立ちに和歌を愛する繊細さと気高さを感じた。

（藤本幸大／二〇一九年一一月一六日）

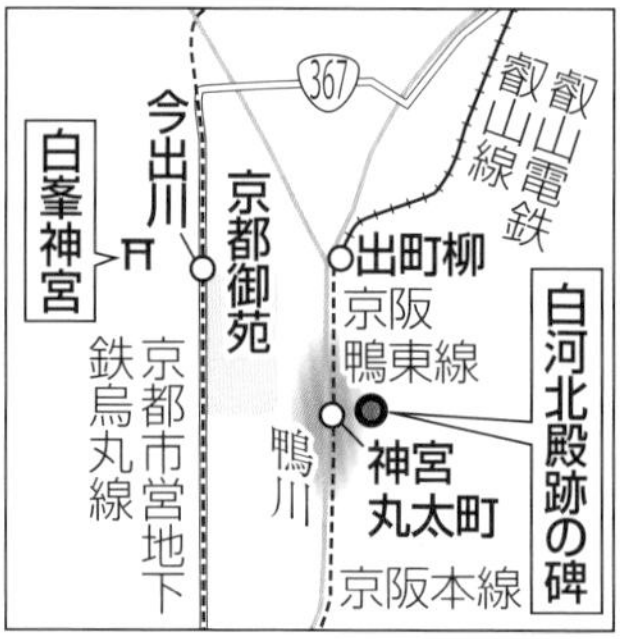

アクセス

白河北殿跡の碑へは、京阪神宮丸太町駅から東へ徒歩４分。白峯神宮は、地下鉄今出川駅から西へ徒歩８分。

◆『愚管抄』とその時代

1123年	崇徳天皇、五歳で即位
1141年	崇徳天皇、近衛天皇に譲位
1155年	近衛天皇没。後白河天皇即位
1156年	鳥羽法皇没。保元の乱が勃発
1159年	平治の乱。平清盛が源義朝らを破る
1164年	崇徳上皇没
1167年	平清盛が太政大臣になる
1185年	壇ノ浦の戦いで平氏滅亡
1192年	源頼朝、征夷大将軍に就く
1205年	『新古今和歌集』成立。慈円の歌も収録される
1221年	承久の乱。後鳥羽上皇、北条義時に敗北

◆解く　保元の乱　逆らえぬ「道理」と認識

実川圭《みかわけい》　立命館大学教授

『愚管抄』は、鎌倉時代の僧・慈円が承久《じょうきゅう》の乱（一二二一年）の前後ぐらいに書いたことが分かっています。慈円は摂関家の生まれで、父は保元の乱で後白河天皇方についた関白・藤原忠通でした。乱の当事者だった摂関家に伝わる資料や情報を参考にしたと考えられ、記述された内容には信憑《しんぴょう》性があります。

慈円は、保元の乱以降、武士が政権を左右する世の中になったという認識を持っていました。この乱まで、武力で政権を争うような事態は三〇〇年以上、起こっていませんでした。貴族社会で生まれた慈円には、社会が大きく混乱してきたという意識があったのでしょう。こうした世の流れは、逆らうことができない「道理」とも考えていたようです。

保元の乱は、天皇の皇位継承を巡る対立に、摂関家や武家内部の主導権争いが絡んだ戦いでした。乱の後に力をつけたのは、後白河方で最大の軍勢を率いた平清盛でしたが、合戦では積極的な活躍をしていません。崇徳の皇子の養育係だった継母との関係から、崇徳方につく可能性すらあったのです。そうなれば、勝敗はどうなっていたか分かりません。

（二〇一九年一一月二六日）

死地逃れた頼朝　岩窟を信仰

23 吾妻鏡　神奈川県鎌倉市　岩窟不動尊ほか

> 六日、乙酉《きのととり》。（頼朝は）相模《さがみ》国にご到着になった。畠山次郎重忠《はたけやまじろうしげただ》が先陣を務め、千葉介常胤《ちばのすけつねたね》が頼朝の御後ろに従っており、その他従った軍士は幾千万とも知れないほどであった。突然のこと故《ゆえ》に、頼朝の御所は建てていなかったので、民家を御宿館に定めたという。
>
> 『現代語訳　吾妻鏡1』（五味文彦・本郷和人編、吉川弘文館）より

吾妻鏡《あづまかがみ》　源頼朝《みなもとのよりとも》が平家打倒の兵を挙げた一一八〇年から、鎌倉幕府第六代将軍だった宗尊《むねたか》親王が鎌倉を追われた一二六六年までを編年体で記述した歴史書。原文は和風漢文体で記される。それまでの「六国史《りっこくし》」などが朝廷中心の歴史書だったのに対し、東国の武家の政治史を軸に詳述している。

鎌倉の鶴岡《つるがおか》八幡宮は、冬の平日も参拝客が絶えない。楼門を仰ぎつつ石段を上り、振り返って見晴らせば、町並みを若宮大路が一直線に区切ってすがすがしい。鎌倉に入ったばかりの源頼朝が、西に平家をにらみながらも、早々に整えたのが八幡宮と大路だった。

治承《じしょう》四年（一一八〇）八月に平家打倒の兵を挙げた頼朝は、緒戦の石橋山（神奈川県小田原市）で平家方の大《おお》庭景親《ばかげちか》に敗れ、早くも死地に立たされた。『吾妻鏡』は、山中を逃げた頼朝の様子を伝える。「その時、頼朝は御髻《もとどり》の中の正観音《しょうかんのん》像を取り出され、ある巌窟《がんくつ》に安置された」。首を取られても、身につけていた小さな像だけは守ろうとした。加護があったか。包囲を脱し、海へ逃れて安房《あわ》（千葉県）に渡る。

わずか一月余り後、鎌倉入りした時には、関東の武士を糾合して「幾千万」の軍勢を率いていた。三方を山、南を海に囲まれた要害の地――頼朝が鎌倉を選んだ理由は、それだけではなさそうだ。東京大学史料編纂所の高《たか》

岩窟不動尊の奥には、かつて不動明王をまつっていたという岩屋が今も残っている＝鈴木竜三撮影

橋《はし》慎一朗《しんいちろう》教授は、「京の朝廷と距離を置くことも意識したはず。先祖ゆかりの地で、近くに三浦氏や梶原氏という有力武士の本拠地があったことも大きい」と説く。権力基盤はまだ弱く、父祖の威光をまとう必要があった。鎌倉は、祖先の頼義《よりよし》が京都・石清水《いわしみず》から八幡神を勧請《かんじょう》し、父義朝《よしとも》も館を構えた地。とはいえ、『吾妻鏡』が「元々辺鄙《へんぴ》なので、漁師や農民以外、居を定めようという者は少なかった」と伝える場所でもあった。

「八幡宮や若宮大路には、権威を視覚で示す目的もあった」と高橋教授は言う。由比ヶ浜の近くにあった八幡宮を山を背負い、町中からよく見える現在地に移した。元の場所には今も由比若宮（元八幡）がある。浜に向かって直線の若宮大路を整えた工事について寿永《じゅえい》元年（一一八二）三月の記述が頼朝の力の入れようを伝えている。「武衛《ぶえい》（頼朝）は手ずからこのことを執り行われた。そこで北条殿（時政《ときまさ》）以下もそれぞれ土石をお運びになったという」

八幡宮の東には、御所が営まれた。だが、あったといわれる場所は今は小学校や宅地。鎌倉に、頼朝時代の面影を残す場所はあまりない。すると、高橋教授が意外な場所を教えてくれた。

八幡宮から西へ歩いて五分ほど。崖際の「岩窟不動尊」は小さなお堂で、うっかり通り過ぎそうになった。「窟堂《いわやどう》」の名で『吾妻鏡』に現れる。岩屋はフェンスで覆われているが、江戸時代の『新編相模国風土記稿』は

山を背負って立つ鶴岡八幡宮

「其中、巌面ニ不動ノ像」と記す。堂舎もあったようだ。頼朝時代の大きな法会《ほうえ》には鎌倉中の寺院から僧侶が集まる中、窟堂からも呼ばれている。

高橋教授は「頼朝は洞窟に関連する寺院をいくつも保護した。頼朝の洞窟への信仰から、窟堂もあつく敬っていただろう」とみる。フェンス越しに岩屋の奥へと目を凝らすと、かつて不動がまつられていたか、石の壇も見える。岩窟で死地をしのいだ頼朝が、静かに手を合わせに通った姿が目に浮かぶようだ。

（清岡央／二〇一九年一二月二四日）

アクセス

鶴岡八幡宮、岩窟不動尊へは、それぞれＪＲ鎌倉駅下車徒歩約10分。

◆『吾妻鏡』とその時代

1179年	平清盛が後白河法皇を幽閉
1180年	源頼朝が挙兵
1184年	一ノ谷の戦い
1185年	壇ノ浦の戦い、平氏が滅亡
1189年	頼朝が奥州平定
1192年	頼朝が征夷大将軍に
1199年	頼朝没
1219年	三代将軍源実朝、殺害される
1221年	承久の乱
1232年	御成敗式目制定
1274年	元軍来襲（文永の役）
1281年	元軍来襲（弘安の役）

◆解く　幕府成り立ちの書　家康も学ぶ

五味文彦《ごみふみひこ》　東京大学名誉教授

『吾妻鏡』は、鎌倉時代後期の一三世紀末頃に編纂されたと考えられます。蒙古襲来後、幕府が揺らぐ中で、体制の成り立ちを確認する狙いがあったのでしょう。御家人たちも動揺しており、家の歴史を探ろうとした時期でした。以仁王《もちひとおう》から源頼朝に平家追討の令旨《りょうじ》が届く場面で始まるのも、その時こそ幕府の出発点という意識があったから。記述が詳細で読みどころが多いのは源氏三代の時代で、石橋山など合戦の経過も詳細です。

編纂したのは幕府そのものでなく、北条一門の中でも金沢文庫を作って典籍を集めた金沢氏が、奉行人たちに分担させたのではないでしょうか。御家人の記録や訴訟で提出された文書などを基にして書かれていますが、説話に基づく箇所もあり、すべてが史実とは言えません。

後に徳川家康《とくがわいえやす》が座右の書とし、多くの武士が読みました。武家がどう政治を行えばいいか学ぼうとしたのです。鎌倉時代は、今につながる政治のあり方ができた時代です。幕府が法律を作り、法律に基づいて政治、裁判が行われる。評定《ひょうじょう》衆《しゅう》が合議して行政運営するのは内閣制度のようです。今日の政治を考える上でも意味のある史書と言えます。

（二〇一九年一二月二四日）

源氏大勝　義経は景時と暗闘

24　平家物語　香川県高松市　屋島

干拓で今は本土と陸続きになっているが、切り立った断崖に囲まれた屋島（香川県高松市）は古来、瀬戸内海に浮かぶ要塞《ようさい》だった。古代には外国の襲来に備えた山城が築かれ、源平合戦（治承《じしょう》・寿永《じゅえい》の乱）では、安徳《あんとく》天皇を奉じた平家が拠点とした。

鎌倉時代、公家や貴族に伝わる日記などをもとに成立したとされる『平家物語』。屋島の戦い（一一八五年）の場面では、戦闘だけではなく、佐藤継信《さとうつぐのぶ》の死、那須与一《なすのよいち》の扇の的、弓流しなど、武将らの挿話が彩りを添える。

古戦場を屋島山頂近くの「談古嶺《だんこれい》」から展望できる。案内してくれた高松市文化財課文化財調査係長の山元敏《やまもととし》裕《ひろ》さんは「屋島は源平合戦の大勢を決めた戦いの地。ただどこまでが史実かわかりにくい部分もある。本当の姿を見定めたい」と話す。

屋島で、源氏軍は大勝利をあげ、平家は西へ敗走、壇ノ浦で滅亡する。義経《よしつね》の絶頂といっていい。しかし、義経の相手は実は平家だけではなかった。もう一つの暗闘

梶原（景時）申《もうし》けるは、「よき大将軍と申《もうす》は、かくべき処《ところ》をばかけ、ひくべき処をばひいて、身をまッたうしてかたきをほろぼすをもッてよき大将軍とはする候《ぞうろう》。かたおもむきなるをば、猪《い》のし丶武者とて、よきにはせず」と申せば、判官（源義経）、「猪のし丶、鹿《か》のし丶は知らず。いくさは、ただひら攻めに攻めてかッたるぞ心地はよき」との給《たま》へば、

（後略）

『平家物語』（梶原正昭・山下宏明校注、岩波文庫）より

平家物語《へいけものがたり》　鎌倉時代に成立したとされる軍記物語。平家の絶頂期から滅亡までを、諸行無常、盛者必衰などの仏教思想を背景に描く。琵琶法師の語りによって広く流布した。数多くの異本があるが、「読み本系」と「語り本系」に分類される。近世以降、浄瑠璃や歌舞伎、小説などに与えた影響は大きい。

「談古嶺」から一望できる屋島の古戦場。義経軍は夜陰に乗じて一気に攻め、平家は海へと逃れたという＝河村道浩撮影

が繰り広げられていた。相手は梶原景時《かじわらのかげとき》。鎌倉にいる兄、源頼朝《みなもとのよりとも》の腹心だ。

『平家物語』によると、前哨戦《ぜんしょうせん》は屋島の直前、源氏軍が船を集結させた摂津・渡辺（現、大阪市）で起きた。軍議の席で景時は船の進退を自由にするため、舳先《へさき》に「逆櫓《さかろ》」をつけるよう提案するが、義経は「もとよりにげまうけしてはなんのよかるべきぞ」と一蹴《いっしゅう》する。前もって逃げる準備などしてはだめだという主張だ。

景時はイノシシのような武者では困る、と言いつのるが、義経は耳を貸さない。それどころか、主力の大半を渡辺に残し、暴風雨の中、五艘《そう》一五〇騎で出航する。景時が屋島に着いたのは戦いが終わってから。それを義経側はわざ笑う。「六日《むゆかの》の菖蒲《しょうぶ》、いさかひはてのちぎりきかな」（端午の節句に間に合わない菖蒲、ケンカの後に持ち出す棒のようだ）

実際にこんなやり取りがあったかどうかは別にして、両者の反目を象徴的に物語る記述だ。それが景時の、頼朝への「讒言《ざんげん》」につながったと『平家物

源義経と梶原景時が逆櫓をめぐって論争したとされる場所に立つ「逆櫓乃松址」の碑。今はマンションの敷地内にある（大阪市福島区で）

語』は語る。

景時からの報告が、讒言だったのか、義経の専横への正当な批判かは、わからない。が、頼朝は弟よりも忠臣の言葉を信じた。追い詰められた義経は奥州に逃れ、その地で殺される。

義経との暗闘に景時は勝利した、といえる。

鎌倉幕府成立後、景時は侍所別当の重職につき、頼朝を支えるが、その死後、他の御家人たちと争い、正治《しょうじ》二年（一二〇〇）、一族もろとも滅亡する。

問題はその後だ。時代が下るにつれ、義経は超人的な軍才と悲運の人生によって国民的英雄となり、「判官贔《はんがんびい》屓《き》」が日本人独特のメンタリティーとなる。

逆に景時は上におもねり、下には仮借ない悪人との評価が定まっていく。江戸時代に成立した人形浄瑠璃『義経千本桜』では、景時は「邪智《じゃち》深い」と形容され、「蚰蜒《げじげじ》」とまで呼ばれる。

義経と景時。二人の交錯を思うとき、『平家物語』がその冒頭に掲げた「諸行無常」の四文字が心に浮かんでくる。

（滝北岳／二〇一九年七月三〇日）

アクセス

ＪＲ屋島駅、琴電（高松琴平電鉄）屋島駅から屋島山上までシャトルバスがある。源平の古戦場を見渡すことのできる「談古嶺」へは、駐車場から徒歩５分程度。

◆『平家物語』とその時代

1156年　朝廷内の争いから保元の乱が起き、平清盛らが台頭
1159年　平治の乱。源義朝ら、清盛に敗れる
1167年　清盛、太政大臣に
1180年　以仁王《もちひとおう》、平氏追討の令旨《りょうじ》
1181年　清盛没
1184年　一ノ谷の戦い
1185年　和暦２月、屋島の戦い。同３月、壇ノ浦の戦いで平氏滅亡。同11月、義経追討の院宣
1192年　後白河法皇没

◆解く　頼朝と不和「野心家」が原因か

元木泰雄《もときやすお》　京都大学教授

『平家物語』は平家の滅亡をドラマチックに描きますが、滅ぼした側の源義経の活躍ぶりを、誇大なほど強調するんです。

一方で敵役の梶原景時には手厳しい。屋島の戦いの前、景時は源範頼《みなもとののりより》と行動をともにしていたらしいので、「逆櫓論争」は後世のフィクションと思われますが、義経と景時が対立する場面は当然あったはずです。ただ『平家物語』が言うように、景時が感情にまかせて讒言を源頼朝に吹き込んだとは考えにくい。景時は冷徹かつ緻密《ちみつ》な武将です。頼朝の信任が厚く、鎌倉幕府誕生の功労者でもあります。それに嘘《うそ》の報告をあげても頼朝は見破ってしまうはずです。

『平家物語』の様々な異本のうち、初期に成立して原型に近いとされる「延慶《えんぎょう》本」は、義経を「野心家」として描きます。壇ノ浦の戦い後、「東国は当然、西国も自分がもらっていいはずなのに、くれたのは伊予一国だけだ」と不満を漏らし、それを頼朝が怒る。当時、頼朝の後継ぎの頼家《よりいえ》は幼く、義経が頼朝の後を襲うこともあり得た。二人の不和の原因は、こちらが真実に近いような気がします。

（二〇一九年七月三〇日）

天然の要害　正成、壮絶な死

25　太平記　兵庫県神戸市　会下山

海上の船ども、帆を下ろして礒《いそ》近く漕《こ》ぎ寄すれば、陸地の勢も、旗を靡《なび》かして相進む。（中略）敵御方《みかた》の時の声、南は淡路の絵島、鳴渡《なると》の奥《おき》、西は播磨路、須磨の板屋戸《いたやど》、東は摂津国生田《いくた》の森、四方三百余里に響き渡つて、天維《てんい》も忽《たちま》ちに落ち、坤軸《こんじく》も砕けて傾《かたぶ》くかとぞ聞こえける。

『太平記　三』（兵藤裕己校注、岩波文庫より）

太平記《たいへいき》　鎌倉時代末期から南北朝時代まで半世紀の争乱を描く軍記物語で、全四〇巻。一四世紀後半に成立したと推定される。僧・玄恵《げんえ》らが成立に関わったと考えられている。歌舞伎や浄瑠璃の題材となり、兵法書としても読まれた。九州から畿内に攻め上がる足利尊《あしかがたか》氏《うじ》、直義《ただよし》らの軍と、後醍醐《ごだいご》天皇方の新田義貞《にったよしさだ》、楠木正《くすのきまさ》成《しげ》の軍が戦う「湊川《みなとがわ》合戦」は、正成の壮絶な死を描き、前半の山場となっている。

神戸市街地の北方にそびえる六甲の山々を見上げながら住宅街の坂道を上っていくと、港を見下ろす会下山《えげやま》に出る。ビルが並ぶ街の向こうは大阪湾だ。『太平記』に記された湊川合戦で、後醍醐天皇の勅命を受けた楠木正成が足利尊氏らを迎撃するために陣を構えたとされるこの山は、六甲山系の麓に位置する標高約八〇メートルの山だ。

現在、公園があり、海軍軍人・東郷平八郎《とうごうへいはちろう》が揮毫《きごう》した「大楠公湊川陣之遺蹟《だいなんこうみなとがわじんのいせき》」の碑が立つ。ここからなら、海上や山陽道を進む敵軍が見えただろう。

「この辺りは山と海、川に囲まれ、平家も拠点とした天然の要害です」と同市教育委員会文化財課係長の川上厚《かわかみあつ》志《し》さんは話す。会下山北東で貴族の邸宅跡が確認され、一帯は平安末期に福原京が計画された区域の一部だと考えられている。

「時の声、（中略）四方三百余里に響き渡つて、天維《てんい》も忽《たちま》ちに落ち、坤軸《こんじく》も砕けて傾《かたぶ》くかとぞ聞こえける」

楠木正成が陣を敷いた場所の近くに立つ東郷平八郎揮毫の碑。背後の神戸市街地の向こう側の海から、足利尊氏の軍が攻めてきた（神戸市兵庫区で）＝守屋由子撮影

鎌倉幕府が滅亡して三年後、延元《えんげん》元年（一三三六）五月二五日、鬨《とき》の声が上がる。掛け声や太鼓で地面が割れるほどだったと、『太平記』に記される。海から上陸してくる足利尊氏を新田義貞が、陸上を進む足利直義を正成が迎え撃った。

「正成、（弟）正氏《まさうじ》、面《おもて》も振らず、七つ寄り八つ寄せてぞ攻め合ひける」。当時、戦場となった場所は川が入り組んだ地形だったようだ。ぬかるみで翻弄《ほんろう》し、直義を狙う。軍記物語ゆえに創作はあるだろうが、兵力で劣っていた正成がそうして戦った可能性はある。

激戦の末、楠木軍は「七百余騎」から「七十余騎」に。正成は、会下山の近くを流れる湊川のそばの民家で自害した。

『太平記』は、正成ほど「智仁勇《ちじんゆう》の三徳」を備えた人物はいないと評価する。だがその出自は謎に包まれており、研究者の間では、朝廷や幕府に反抗した者をさす「悪党」だったと考える人もいれば、鎌倉幕府の御家人だったのではないかとする人もおり、諸説がある。

楠木正成を祭神とする湊川神社（神戸市中央区で）

同市立博物館学芸員の水嶋彩乃《みずしまあやの》さんによると、合戦の四年前に記された文書にみえる「悪党楠兵衛尉《ひょうえのじょう》」が正成だと考えられる。文書には、後醍醐天皇の側近との関係をうかがわせる記述がある。早くから後醍醐と結びつきがあったのかもしれない。

会下山の東方、明治時代創建の湊川神社境内に正成の墓所がある。墓所は江戸時代、徳川光圀《とくがわみつくに》により建立され、幕末、志士らの崇敬を集めた。

正成を祭るこの神社に、正成の自筆と伝わる「法華経奥書《おくがき》」が掲げられている。後醍醐の「建武新政《けんむのしんせい》」が成った後の建武二年（一三三五）、奉納したものだという。しかし、再び世は乱れ、正成が太平の世を見ることはなかった。

港に出ると、穏やかな波が夕日に染まり、大型船の汽笛がこだました。残響の中に、はるか昔の鬨の声を想像した。

（藤本幸大／二〇一八年四月一七日）

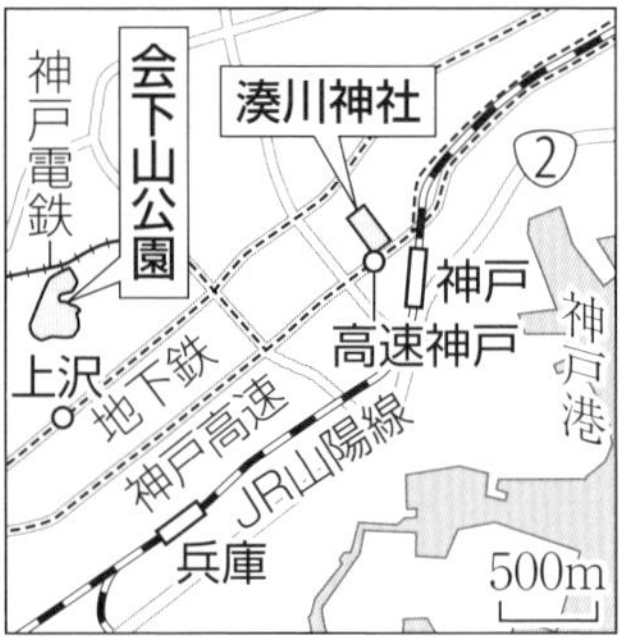

アクセス

正成が陣を構えた付近にある会下山公園は神戸市営地下鉄・上沢駅から徒歩５分。湊川神社は神戸高速鉄道・高速神戸駅からすぐ、ＪＲ神戸駅から徒歩３分。

◆『太平記』とその時代

1333年　鎌倉幕府滅亡。後醍醐天皇が天皇親政に乗りだす

1336年　足利尊氏が湊川合戦で楠木正成らを破り、京都も制圧して光明天皇を擁立（北朝）、後醍醐天皇は奈良・吉野へ（南朝）

1336〜38年　室町幕府成立。尊氏は38年、征夷大将軍になる

1337年　英仏の百年戦争が始まる

1368年　朱元璋《しゅげんしょう》が明を建国

1392年　南朝の後亀山天皇が譲位し、南北朝が合一

◆解く　中世合戦のダイナミズム

市沢哲《いちざわてつ》　神戸大学教授

「『太平記』は史学に益なし」という言葉があります。確かに創作や誇張があり、全てを史実として読むわけにはいきません。しかし、個人の視野には収まらない合戦の全体を俯瞰《ふかん》したり、人々の生き生きとした行動から合戦のダイナミズムを描いたり、つくり物ゆえに古文書とは違うリアリティを感じることができます。

方、古文書からは、湊川合戦で地域の神社が足利勢の手助けをしたことや、出陣した者の安否を尋ねる人々がいたことが分かります。『太平記』と合わせて読むことで、中世の合戦をより立体的に捉えることができます。

『太平記』は、一つの歴史観で貫かれているというより、様々な視点が入り交じるポリフォニックな物語でした。楠木正成は未来を見通す人として、足利尊氏は運に味方された人として描かれます。正成は突如歴史に現れ印象的な最期を迎えます。それに対して尊氏は何度も危機を迎えながら、太平記の時代を生きていきます。そういう人生も人物評価に影響を与えているのでしょう。

『太平記』から、人々が自分たちの歴史をどう理解し、語ろうとしたのかが垣間見えます。

（二〇一八年四月一七日）

旗頭を失っても再起した義貞

26 太平記 福井県敦賀市 金ヶ崎城跡

すべて城の中に籠《こ》もる所の勢《せい》八百三十人、その中に降人《こうにん》になつて助かる者十二人、岩の中に隠れて活《い》きたる者四人、その外《ほか》八百十四人は、一時《いっし》に皆《みな》自害して、戦場の土となりにけり。今に至るまで、その怨《おん》霊《りょう》この地に留《とど》まつて、月陰《くも》り雨暗き夜は、叫呼《きょうこ》求《く》食《じき》の声啾々《しゅうしゅう》として、人の毛吼《もうく》を寒からしむ。

『太平記 三』(兵藤裕己校注、岩波文庫)より

太平記《たいへいき》 鎌倉時代末期から南北朝時代まで半世紀の争乱を描く軍記物語。全四〇巻。一三五〇年頃までに最初の形が成立し、現在広く読まれているものは七〇年代に完成したとの見方が有力。謡曲、御伽草子《おとぎぞうし》、浄瑠璃の題材になるなど、近世の文学に及ぼした影響は大きい。

鎌倉を落とした破格の男だが、新田義貞《にったよしさだ》の最期はあまり語られない。華々しく登場し、短く活躍し、政治力に秀でたトップににらまれ、地方で滅ぼされる——ちょっぴり源《みなもとの》義経《よしつね》とかぶる気がする。

義貞も目立ちすぎたのだ。後醍醐《ごだいご》天皇による建武《けんむ》政権ができると、幕府復活を目指す足利尊氏《あしかがたかうじ》は義貞討伐を名目に反旗を翻す。義貞にとって頼みの綱の後醍醐は形勢をみて、尊氏との和睦に応じる。はしごを外された形の義貞は建武三年(一三三六)、後醍醐の息子の恒良《つねよし》親王、尊良《たかよし》親王を奉じて越前(福井県)に落ち、金ヶ崎城(敦賀市)に立て籠もる。

『太平記』では、後醍醐がこの時、「東宮(恒良親王)に天子の位を授け」たとする。義貞は、〝恒良天皇〟を擁立した「北陸王朝」樹立を狙ったというわけだ。後醍醐がすぐ南朝を開くので真相は闇の中だが、敦賀は、日本海と琵琶湖を結ぶ位置で、京都への物流の勘所《かんどころ》。駆け引きが可能な地なのだ。

新田軍兵士らが壮絶な死をとげた金ヶ崎城跡（中央手前）。雲の切れ間からの光が本丸跡付近を差した（天筒山展望台から）＝河村道浩撮影

敦賀湾に突き出た標高八六メートルの山に築かれた金ヶ崎城跡は、本格的な発掘調査がされておらず、当時の構造は不明だ。海側に向かう階段から上ると、両親王を祭神とする金崎宮《かねがさきぐう》がある。そこから急な道を上がると頂上へ。ここが本丸跡とされ、湾を一望できる。

逆方向に下り始めると、侵入防止に尾根に掘った溝（堀切《ほりきり》）が三本続く。敦賀市教育委員会の奥村《おくむら》香子《きょうこ》さんは「三つの城門（木戸）があったとされ、各堀切前にあったようです。登城ルートとされる一の木戸からのジグザグな急坂は攻めにくく、難攻不落でした」と語る。

だが、周りは崖で海釣りもできず、補給に難があった。それを見越した足利軍は、たかだか八〇〇の新田軍を兵糧《ひょうろう》攻めにする。効果は抜群で、「二十日余りを過ごされける程に、金崎《かねがさき》には、早や馬をだにも皆食《く》い尽《つ》くして、食事を絶つ事十日ばかりになりければ、軍勢皆《みな》足はたらかずなりにけり」。

敵が総攻撃をかけた時、義貞は援軍を求めて不在だった。新田軍は「死人の腹の肉を切つて、二十余人の兵ども、一口づつ食うて、これを力にてぞ戦ひける」。だが限界が来た。尊良親王や義貞の嫡男らほぼ全員が自害。恒良親王は舟で逃れたが、後にとらえられる。

敦賀湾に突き出す金ヶ崎城跡（中央）。周囲は埋め立てが進む（小型無人機から撮影した写真をパノラマ合成）

刮目《かつもく》すべきは、旗頭を失っても義貞が再起したこと。北東約二〇キロ、標高四九二メートルの山城杣山城《そまやましょう》（南越前町）を拠点に反足利勢力を結集し、なんと翌年、敵の中心拠点、新善光寺城《しんぜんこうじじょう》（越前市）を落とすのだ。さらに敵を国外に駆逐――という時に流れ矢に当たり、戦死する。南越前町教育委員会の玉村幸一《たまむらこういち》・主任学芸員は「親王二人を失った義貞は手ぶらでは合流できない。焦りもあったのでは」と、南朝への合流を考えたとみる。

自立か合流か、いずれにせよ抗《あらが》い続けた義貞。そこが義経とは違う。破格の男に、絶望の二文字はなかった。

（辻本芳孝／二〇一九年七月九日）

アクセス

金ヶ崎城跡にはＪＲ敦賀駅から敦賀市コミュニティバスで「金崎宮」下車、徒歩約10分。駅から徒歩では30分。

◆『太平記』とその時代

1331年	楠木正成挙兵
1333年	鎌倉幕府滅亡
1334年	建武新政
1336年	湊川の合戦
	南北朝時代始まる
1338年	足利尊氏、征夷大将軍に
1339年	後醍醐天皇没
	英仏の百年戦争始まる
1358年	足利尊氏没
	足利義満誕生
1368年	朱元璋《しゅげんしょう》が明を建国
1370年	ティムール朝興る
1392年	李氏朝鮮建国
	南北朝が合一

◆解く　足利、あえて新田を〝ブランド化〟

田中大喜《たなかひろき》　国立歴史民俗博物館准教授

『太平記』は、いわば、国家事業として編集した史書、正史としての側面を持つ。原型ができた時点で幕府を開いた足利家の検閲で修正されている。

実は、鎌倉時代、足利は北条に次ぐ家柄で、ただの御家人だった新田とは巨大な格差があった。『太平記』の記述で「新田」を敵としてふさわしい相手に〝ブランド化〟し、それをねじ伏せたことで次の武家の棟梁《とうりょう》になる正当性を周りにアピールしようとしたのだろう。

ただ新田義貞は、軍事指揮官として優秀で、建武政権下では国司として政務を覚え、反足利の勢力をまとめる器量も備えていた。最後の数年間の成長は著しく、不慮の事故がなければ、尊氏に匹敵する存在になれたかもしれない。従来、鎌倉陥落後の無策ぶりから無能ともされたが、鎌倉幕府中枢にいた足利と違い、政権構想がなかったのは当たり前だ。

後に関ヶ原の戦いで勝った徳川家康《とくがわいえやす》が征夷大将軍に就任する際、系図上で「新田」を継承している。足利の次の将軍になるには、〝足利と並ぶ武家の棟梁〟の新田の名が最適だったから。言ってみれば、足利は、自分が作った偽ブランドの新田に敗れた形だ。二転三転する歴史の皮肉も面白い。

（二〇一九年七月九日）

南朝の未来を信じた親房

27 神皇正統記　奈良県吉野町　金峯山寺ほか

「旧都」（京都）では、戊寅《つちのえとら》の年の冬、改元して暦《りゃく》応《おう》といった。吉野の宮ではもとの延元《えんげん》であるから、諸国で思い思いの年号を用いることとなる。中国ではこのような例も多いが、わが国ではそのような例はない。しかし、後醍醐《ごだいご》天皇が吉野にお入りになってから四年になる。「大日本島根」はもとより皇都である。内侍所《ないしどころ》も神璽《しんじ》も吉野にあるのだから、どうして都でないことがあろうか。

『現代語訳　神皇正統記』（今谷明訳、KADOKAWA新人物文庫）より

神皇正統記《じんのうしょうとうき》　神国としての日本の建国から南朝二代の後村上《ごむらかみ》天皇まで、天皇の系譜をたどりながら事績を記述、南朝の正統性を論じている。筆者は後醍醐天皇に仕えた公卿で武将の北畠親房《きたばたけちかふさ》（一二九三～一三五四年）。後醍醐没後は吉野の朝廷の中心となって南朝の勢力回復を試みた。その国体論が後世にも影響を及ぼした。

足利尊氏《あしかがたかうじ》に制圧された京都を逃れた後醍醐天皇が吉野山（奈良県南部）に入り、二人の天皇、そして二つの朝廷が並び立つことになったのが南北朝時代（一三三六～九二年）だ。元号もそれぞれが別に定めた。

当時の公卿、北畠親房の『神皇正統記』は吉野の朝廷を正統とする。「大日本島根」すなわち日本全土の都は吉野で、北朝の京都は「旧都」である、と。

後醍醐は京都へ帰りたかった。だが南朝独自の元号で延元四年（一三三九）の秋、吉野山の「秋霧《あきぎり》に冒され崩御された」。この地の勅願所、如意輪寺《にょいりんじ》の裏山に設けられた陵墓は、天皇陵としては異例の北向き。八〇キロ先の京都の方を向いている。

『太平記』によれば、その最期の言葉は「玉骨《ぎょくこつ》はたとひ南山《なんざん》（吉野山）の苔《こけ》に埋《うず》まると雖《いえど》も、魂魄《こんぱく》は常に北闕《ほっけつ》（皇居）の天を臨まん」だった。

後醍醐が仮の宮、行宮《あんぐう》としたのが吉野の修験道《しゅげんどう》の本山、金峯山寺《きんぷせんじ》の塔頭《たっちゅう》だ。後に北朝方に焼かれ、今は南朝妙

南朝の行宮が置かれていた金峯山寺境内の「吉野朝宮址」。後醍醐没後に北朝の軍に焼かれ、現在は南朝妙法殿という三重塔が立っている。このあたりは標高約350メートル＝河村道浩撮影

法殿という三重塔が立ち、周囲が皇居跡の公園として整備されている。

金峯山寺は役小角《えんのおづぬ》の開基と伝わり、中世には吉野大衆《だいしゅ》と呼ばれる多くの僧兵を抱えていた。その軍事力をバックに南朝は、修験者が行き交う深い山の中で五〇年余り持ちこたえたのだ。

後醍醐には修験道との太いパイプがあった。皇子の法親王を天台系の修験山伏の本寺、聖護院《しょうごいん》（京都）に入れ、真言宗を統括する醍醐寺《だいごじ》（同）には、後醍醐の大覚寺統に仕えた前関白鷹司基忠《さきのかんぱくたかつかさもとただ》の息子を送り込んでいたのだ。倒幕に加担させるため、また、それが失敗した場合は逃亡の手引きと、逃げ込む先の提供を期待してのことだった。

天皇親政の建武政権崩壊で、居場所を失った後醍醐を迎えたのは金峯山寺の僧坊、吉水院《きっすいいん》の宗信《そうしん》法印と僧兵だった。

吉水院は明治の神仏分離で吉水《よしみず》神社となるが、後醍醐が滞在したという部屋が残されている。上段の間が五畳、下段の間は一〇畳。案内してくれた佐藤一彦《さとうかずひこ》宮司は「狭く見えるでしょうが、吉野

の人々がみなでお世話したので、楽しいひとときをお過ごしになりました」と今も敬愛の情をもって語る。

名門貴族出身の親房も武士を見下していたといわれる。しかし、お茶の水女子大学の大藪海《おおやぶうみ》助教（日本史学）は「源《みなもとの》頼朝《よりとも》や北条泰時《ほうじょうやすとき》の政治を高く評価している記述もみられ、武士だからといってその功績までは否定しませんでした」と指摘する。

元は金峯山寺の僧坊だった吉水神社に後醍醐天皇は滞在した。部屋のしつらえは桃山時代風に改められている

「この点は後醍醐天皇の政治思想と大きく異なる」（大藪助教）が、後醍醐への親房の親愛の情は強く、崩御を聞き、「老いの涙はぬぐいがたく、筆の跡も滞りがち」と述懐している。

「今の御門《みかど》（後村上天皇）もまた、天照大神から続く正統の継承者であられるから、この御光に争い奉る者などいるはずもない。今は乱れているが、やがて鎮まるべき時運が到来することであろう」

そのように南朝の未来を信じた親房だが、勝利したのはもちろん北朝だった。

（森恭彦／二〇一九年八月一三日）

アクセス

皇居跡の公園へは、近鉄吉野駅からロープウェー（運休の場合は代替バス）に乗り換え、吉野山駅で下車後、歩いて約10分。吉水神社へは約20分。如意輪寺は近鉄吉野駅から徒歩約35分。

◆『神皇正統記』とその時代

1308年　花園天皇（持明院統）即位
1318年　後醍醐天皇（大覚寺統）即位
1324年　正中《しょうちゅう》の変。後醍醐天皇の倒幕計画発覚
1331年　元弘《げんこう》の変。後醍醐天皇が倒幕に失敗
1332年　後醍醐天皇、隠岐に配流
1333年　鎌倉幕府滅亡。建武新政始まる。出家していた北畠親房も再出仕
1336年　後醍醐天皇、吉野へ
1338年　足利尊氏、征夷大将軍に
1339年　後醍醐天皇没。親房、常陸《ひたち》小田城を拠点に北朝方と戦いつつ、『神皇正統記』執筆
1343年　後村上天皇に『神皇正統記』を献上

◆解く　後醍醐の建武新政は評価せず

市沢《いちざわ》哲《てつ》　神戸大学教授

『神皇正統記』は後醍醐天皇の南朝が正統な王朝だと主張する書物ですが、筆者の北畠親房は同じ後醍醐の建武新政をあまり高く評価していません。「東国（関東武士）の風儀も変わり果て、公家の古き姿も失われた」と嘆きます。

「此比《このごろ》都ニハヤル物」という書き出しで知られる「二条河原落書《らくしょ》」は建武新政の批判だといわれますが、矛先は政治よりも、都で我が物顔の田舎者や、伝統的な姿を失いつつある関東武士、公家に向けられ、『正統記』のまなざしと驚くほど似ています。筆致も同様です。「落書」の筆者が誰なのか、一つの可能性が浮かんできます。

建武新政は室町時代に続いていく新しい勢力や文化の台頭を促したという面を持っていました。歴史学者・網野善彦《あみのよしひこ》さんの「異形の王権」論の影響もあって、建武新政と後醍醐の特異性が強調されてきました。ですが最近の研究では、後醍醐の父、後宇多《ごうだ》をはじめとする鎌倉時代後期の公家政治との連続性、後代の政治への影響が注目されています。

建武新政は短期間で崩壊しますが、それをもって失敗だったというのは議論の単純化でしょう。

（二〇一九年八月一三日）

加賀一向一揆　守護を追い込む

28 実悟記拾遺　石川県金沢市　高尾城跡

百姓《ひゃくしょう》中合戦《ちゅうかっせん》シ、利運《りうん》ニシテ、次郎政親《じろうまさちか》ヲ討取《うちとり》テ、安高《やすたか》ヲ守護トシテヨリ、百姓トリ立テ富樫《とがし》ニテ候《そうろう》アヒダ、百姓等ノウチツヨク成《なり》テ、近年ハ百姓ノ持《もち》タル国ノヤウニナリ行キ候コトニテ候、

『真宗全書 続一八』（妻木直良編、蔵経書院）所収の『実悟記拾遺』より

実悟記拾遺《じつごきしゅうい》　蓮如《れんにょ》の十男で真宗の僧・実悟（一四九二〜一五八三年）が著した本願寺の記録の補遺。「百姓ノ持タル国」の記述で知られる加賀一向一揆のくだりでは、政親と対抗していた大叔父の安高（泰高）が守護に擁立された、と紹介している。実悟は生涯を通じて著作活動に従事し、中世本願寺の歴史研究に大きく寄与した人物でもある。

登り口から約三〇〇段続く木製の階段を上がり切ると、標高一九〇メートルの頂《いただき》に到着する。好天時には日本海まで一望できる見晴らし台が整備され、城跡と言っても石垣など目立った遺構はない。風光明媚《ふうこうめいび》な景色からは、百姓が国の主導権を握って「百姓ノ持《もち》タル国」という言葉が誕生した戦いの舞台だったとは、にわかに信じがたい。

高尾城《たこうじょう》は一四八八年、浄土真宗の本願寺門徒らで組織された加賀一向一揆が蜂起し、守護の富樫政親《とがしまさちか》を攻め滅ぼした山城だ。富樫氏は加賀国（石川県中南部）を本拠とした在地武士で、歌舞伎『勧進帳』で北陸を逃避行する源義経《みなもとのよしつね》一行に慈悲をかけた関守《せきもり》としても登場する。その富樫氏が一揆衆の攻めを受けた背景には室町時代特有の政治・宗教的事情があった。

全国の武士が東西両軍で争った応仁の乱。加賀国でも東軍派に属した政親が、西軍派の弟・幸千代と勢力を争った。その頃、本願寺の名僧・蓮如は越前（福井県）に

夕日を浴びる高尾城跡。1488年の一向一揆によって、守護の富樫政親がここで自害に追い込まれた。現在、見晴らし台になっている（小型無人機から）＝鈴木竜三撮影

吉崎御坊《よしざきごぼう》を開き、北陸で布教に努めていた。政親は急増した本願寺門徒の助力を得て、七四年に弟を打倒した。

当初は協力関係にあった政親と本願寺門徒。だが、室町幕府への貢献による権威確立を目指した政親は、将軍の対抗勢力との戦いのためと称して戦費の徴収を強化。これが反発を招き、「反政親」の一揆が結成されたのだ。

富樫氏の砦《とりで》だった高尾城を二〇万人とも言われる一揆衆が取り囲み、政親は自害に追い込まれた。『実悟記拾遺』には戦いの後、門徒の百姓が力を付ける一方、守護が名目上の存在に転落した様子が記される。

「（門徒の）百姓が政親と戦い、運良く勝って政親を倒し、安高（泰高）を守護にした。百姓が取り立てた富樫（守護）なので百姓の力が強く、百姓が政権を取った国のようになった」

一五四六年、一向一揆の拠点として本願寺の別院・金沢御堂《かなざわみどう》が建設された。本願寺の影響力は一層強まり、加賀国は寺内町として繁栄。ただ、戦乱の

世に、それは長続きはしなかった。

　高尾城跡に茂る深い竹やぶに、わずかだが堀などの痕跡が残る。一六世紀後半のものとみられ、金沢市埋蔵文化財センターの向井《むかい》裕知《ひろとも》主査は「外部の侵攻に備えて防御性を高める遺構。一向一揆勢が関与した可能性がある」と指摘する。一揆衆が対抗した相手は、急速に勢力を増していた織田信長《おだのぶなが》だった。

　一向一揆の撲滅を図った信長勢の柴田勝家《しばたかついえ》が加賀に侵攻し、一五八〇年に金沢御堂が陥落。門徒は霊峰・白山の麓にある山城・鳥越城《とりごえじょう》（白山市）を拠点に抵抗を続けたが八二年、最後に残った三〇〇人が磔《はりつけ》の刑に処された。ここに、加賀一向一揆は終焉《しゅうえん》した。

　金沢御堂の跡地には、後に前田家の居城となる金沢城が建てられた。金沢城は今も「加賀百万石」の象徴だが、高尾城跡は一九七〇年代の開発の影響で、重要な遺構の大半が失われた。「百姓ノ持タル国」の実態を知るよすがは少ない。それでも、眼下の雄大な金沢平野には、彼らが生きた歴史が確かに刻まれている。

（多可政史／二〇一九年五月二一日）

鳥越城跡に復元されている本丸門（白山市で）

アクセス
高尾城跡の見晴らし台への登り口は、石川県教員総合研修センター（金沢市高尾町）の敷地内にある。同センターまで、金沢駅から北鉄バスで約35分の「高尾南一丁目」で下車し、そこから徒歩で約15分。

◆『実悟記拾遺』とその時代

1467年	応仁の乱が勃発
1471年	蓮如が越前に吉崎御坊を構える
1474年	富樫政親が本願寺門徒らと弟・幸千代を滅ぼす
1488年	加賀一向一揆衆が政親を高尾城で自害に追い込む
1546年	金沢御堂が建立される
1573年	室町幕府滅亡
1580年	柴田勝家が金沢御堂を攻略
1582年	白山麓で抵抗していた門徒らが磔の刑にされ、加賀一向一揆が終焉

◆解く　戦国時代に門徒組織が主導権

東四柳史明《ひがしよつやなぎふみあき》　金沢学院大学名誉教授

「百姓ノ持タル国」という言葉から、加賀一向一揆は百姓（農民）が武士の圧政に立ち向かい、自治を勝ち取ったという、江戸時代の百姓一揆に似た印象で語られがちです。ただ、室町～戦国時代の百姓の概念は、豊臣秀吉《とよとみひでよし》の「刀狩《かたながり》」以降、兵農分離された百姓とはずいぶん異なります。

当時の百姓は、普段は農業をしていても、戦《いくさ》があると刀や槍《やり》で武装して戦地に向かうこともあった。特に、各村落の指導者だった「土豪」と呼ばれる層は、ほとんど武士に近い、力を持った存在でした。

加賀国では、守護の富樫氏の権力が一族間の内紛により不安定でした。このため、他国なら守護の家来になるような在地の有力武士も、そんな状況を見限り、京都に赴いて室町将軍の直接の支配下につく者が多かったため、加賀国では有力武士の存在感は薄かった。そうした加賀特有の事情に、土豪を中心とした一揆が台頭する余地があったのです。

本願寺にとっても、地域のリーダーである土豪が門徒となることで、一般農民への布教がしやすくなる利点があったのでしょう。大名が覇権を争う戦国時代にあって、信仰を同じくする門徒組織が力を持ち、一国の主導権を握ったことは、日本史上に残る特異な出来事でした。

（二〇一九年五月二一日）

29　ザビエル書簡　鹿児島県鹿児島市　福昌寺跡ほか

霊魂が不滅であるか、あるいは身体とともに滅びるものであるかについて、彼が疑いを持ち、決めかねていることを私は知りました。彼は私に、ある場合には霊魂は不滅であると言い、他の場合には否定します。（中略）この忍室《にんしつ》は私とたいへん親しい間柄で、それは驚くほどです。

『聖フランシスコ・ザビエル全書簡3』（河野純徳訳、平凡社東洋文庫）書簡第90より

ザビエル書簡　フランシスコ・ザビエル（一五〇六〜五二年）はスペイン生まれのカトリック宣教師。パリ大学で学び、イエズス会の創立に参加。東洋宣教に生涯をささげ、中国布教を前に病死した。鹿児島発の書簡第90は長大な上、日本に精神王国を樹立しようとする意欲的な内容から「大書簡」と呼ばれる。日本人を「今までに発見された国民のなかで最高」などと称賛、その文面は全欧で広く愛読された。

明治初めの廃仏毀釈《はいぶつきしゃく》は、薩摩で苛烈を極めた。藩内の一〇六六か寺が壊され、二九六四人の僧侶が還俗《げんぞく》させられたという。藩主・島津氏の菩提寺《ぼだいじ》だった曹洞宗福昌《ふくしょう》寺《じ》も一八六九年に廃寺となった。跡地は現在、墓地が残る。苔《こけ》むす湿った寺跡を訪ねると、そこにはただ、静寂が広がっていた。

だがこの寺は日本宗教史上、さらに重要な場所だった。日本に初めてキリスト教を伝えたフランシスコ・ザビエルが一五四九年に上陸し、仏僧と対話した場だからだ。来日して三か月弱、このイエズス会士は一一月五日付のインド・ゴアの同会員宛て書簡にその様子を記した。冒頭の引用はその一部である。

書簡にある忍室とは福昌寺の一五世住職で、ザビエルはこう称賛する。「学識豊かで生活態度が立派」。そんな高僧に宣教師は来日早々、「霊魂不滅」について議論を仕掛けたのだ。

なぜ「霊魂不滅」が重要だったのか。肉体の死ととも

鹿児島カテドラル・ザビエル記念聖堂。ステンドグラス越しに差し込む光の、赤はザビエルの情熱などを、青は彼が渡ってきた海の色などを象徴しているという＝鈴木竜三撮影

に霊魂も滅ぶなら、人は来世で神による救済が受けられないからだ。その教えが日本布教に有効だとの思いもあった。対する忠室は「ある場合には霊魂は不滅であると言い、他の場合には否定」するという、いかにも禅僧らしい応答。ここに、世界観の異なる世界宗教がかみ合わぬまま、それでも新鮮に出会ったさまを見ることができよう。

だが、霊魂不滅を巡っては、さらに精神史的文脈があると、根占献一《ねじめけんいち》・学習院女子大学教授（ルネサンス思想・文化史）は指摘する。

一五～・六世紀、イタリアではルネサンスが花開いていた。繰り広げられたのが「霊魂は不滅か否か」の論争。フィチーノという哲学者は、プラトンの影響から霊魂不死を訴えた。プラトンの「肉体＝魂の牢獄《ろうごく》」という考えを受けつつ、「体の復活」を説くキリスト教と一致させようとした。これに対し、アリストテレス主義者の中には霊魂不滅を前提としない哲学者もいた。結局、カトリック教会は一五一二～一七年のラテラノ公会議で霊魂不死を信仰箇条に決定。「ルネサンス期の第一級の知識人だったザビエルは、こうした論争があればこそ、『霊魂不滅』を強調した」と根占教授は言う。

つまりキリスト教伝来とは、ギリシャ哲学を含む西洋の厚い「知」の流入でもあった。実際、禁教前の日本の

ザビエルが忍室と宗論を交わした福昌寺の跡地。廃寺後も島津家の墓地などが残る

キリシタン向け教義書には「ありすとうてれ（アリストテレス）」や「ぱらたん（プラトン）」の名も見える。その豊かな水脈は、四〇〇年以上を経て、今の鹿児島カテドラル・ザビエル記念聖堂の輝きにつながっている。

東西の邂逅《かいこう》は、カトリック勢力による寺社破壊や豊臣《とよとみ》秀吉《ひでよし》による伴天連《ばてれん》追放、江戸幕府によるキリシタン弾圧といった悲劇や相互排斥も生んだ。だが、それがまず「たいへん親しい間柄」から始まったことは、記念聖堂のみならず福昌寺跡とともに、もっと認識されていい。

（植田滋／二〇一八年五月八日）

アクセス

福昌寺跡へは、ＪＲ鹿児島駅から徒歩約15分。鹿児島カテドラル・ザビエル記念聖堂は、鹿児島中央駅から車で約10分。

◆『ザビエル書簡』とその時代

1517年	ルターがカトリック教会を批判、宗教改革の口火を切る
1534年	イグナチオ・デ・ロヨラがザビエルら同志とパリで誓約を立て、イエズス会が実質的に創立
1545〜63年	宗教改革に対抗し、カトリック教会がトリエント公会議
1549年	ザビエルが鹿児島に上陸し、キリスト教が日本に伝来
1552年	ザビエルが中国布教への途上、広東（広州）沖の上川島で病死
1587年	豊臣秀吉が伴天連追放令
1614年	徳川家康が全国にキリスト教禁教令

◆解く　日本を理解し、布教の基礎をつくる

岸野久《きしのひさし》　元桐朋学園大学短期大学部教授

ザビエルは一六二二年に聖人となり、彼の書簡は聖遺物として尊重されました。そのため偽物が大量に作られましたが、二〇世紀に調査され、一三七通が真正とされています。

ザビエルの日本滞在は二年三か月ですが、布教方針、教会用語、宗教論争など、その後の「キリシタンの世紀」の基が彼の滞日中に築かれました。それがザビエル書簡に示されています。

中でも書簡第90は日本論で有名です。日本人が名誉を重んじること、貧しさを恥としないこと、一夫一婦制であることなどを記し、京都のほか、高野《こうや》、根来《ねごろ》、比叡山、近江、坂東（足利）に大学があることも伝えています。

ただザビエルは、こうした情報の多くを来日前に得ていました。書簡はそれを現地で確認したものでもあります。さらに他の書簡や史料をみると、彼がインドでの失敗から日本では国情に適応する形で布教しようとしたことや、一〇年間で日本と中国にキリスト教を広めようとするアジア布教構想を持っていたことも見えてきます。彼は宣教師のみならず、実務者としても有能でした。「人間」ザビエルを捉え直す余地はまだあります。

（二〇一八年五月八日）

30 大内義隆記　山口県山口市　大内氏館跡

公家かぶれを批判　重臣が謀反

> 義隆卿は末世の道者とや申しけん。文武に達して双《ならび》なく、慈悲勝《すぐ》れて類無し。（中略）されども公家になり玉ひ、位階たかくあがりつゝ、冠を着し装束色々なりし有さまにて、舞猿楽《まいさるがく》や犬追物《いぬおうもの》計《ばかり》にて、弓馬の道にうとくしてをろそかに有る事どもを、家来の老中若輩に至るまで此《こ》の事歎《なげ》きつゝ、無益の公家の出立《いでたち》や、当家の武士はすたりなん、とつぶやく事限りなし。
>
> 『群書類従　第二十一輯　合戦部』（続群書類従完成会）所収の『大内義隆記』より。片仮名を平仮名に改め読み下した

大内義隆記《おおうちよしたかき》　大内義隆（一五〇七～五一年）の一代記で、奥書《おくがき》に「天文廿年《にじゅうねん》冬霜月中旬、周防国山口龍福寺《りゅうふくじ》に於《お》いて之《これ》を書す」とある。冒頭で従二位《じゅにい》に至る義隆の栄達と、寺社の保護、学問や文芸活動を幅広く紹介した後、陶隆房《すえたかふさ》の謀反の経緯と、山口脱出後自刃に至るまでを詳しく叙述している。『多々良盛衰記《たたらせいすいき》』など記事を増補した異本もある。

「西の京」と呼ばれる山口市には、室町時代にさかのぼる社寺建築が数多く残っている。戦国時代に至る二〇〇年間、この地を本拠にした大名大内氏の余徳にほかならない。

一六世紀前半の当主義隆は、東は備後《びんご》（広島県東部）から、西は肥前《ひぜん》東部（佐賀県）まで勢力圏を広げた。幕府に代わって日明《にちみん》貿易を独占し、朝廷への献金を重ねて位階は将軍をしのぐ従二位に。多くの公家や文人、高僧を山口に招き、社寺の造営にも意を注いだ。『大内義隆記』はその徳をたたえ、「末世の道者」と評している。

ところが本書は続けて、義隆が弓馬の道を忘れて舞猿楽などにふけったと批判し、家中に「無益の公家が栄達して、当家の武士は零落する」との不満が募ったと伝える。はたして天文《てんぶん》二〇年（一五五一）、義隆は重臣陶隆房の謀反で山口を追われ、長門《ながと》湯本《ゆもと》の大寧寺《たいねいじ》（山口県長門市）で自刃した。この兵乱では二条尹房《にじょうただふさ》、三条公頼《さんじょうきんより》ら在山口の公家衆も抹殺されており、武士たちの「無益

方形の区画をとどめる大内氏館跡。東南（手前）に池泉庭園が復元整備されている（小型無人機から）＝板山康成撮影

の公家」への遺恨がいかに大きかったかがわかる。

現在は義隆の菩提寺《ぼだいじ》・龍福寺《りゅうふくじ》の境内となっている大内氏歴代の館跡を訪ねた。旧市街の中心に約一六〇メートル四方の区画が残っており、市教育委員会の発掘調査で、義隆の京都趣味を裏付ける遺構や遺物が見つかった。

館の東南には、「洛中洛外《らくちゅうらくがい》図《ず》屏風《びょうぶ》」の将軍邸に描かれているような、広大な池（南北三九メートル、東西二〇メートル）を持つ庭園が復元整備されている。出土した大量のかわらけ（素焼きの皿）は儀礼や宴会が繰り返されたことを表すもので、一六世紀になると、それまでの轆轤《ろくろ》製から手づくねに変化している。文化財保護課の青島啓《あおしまけい》副主幹は、「厚手で一見粗雑な作りは京都の伝統的な製法で、義隆がかわらけまで京風にこだわっていたことがわかります」と話す。

さらに興味深いのは、館の北西で発掘され同じく復元された枯山水《かれさんすい》の庭園だ。立石や石敷きの構造や建物跡との位置関係が、京都大徳寺《だいとくじ》大仙院《だいせんいん》の庭園と酷似していると指摘されている。『大内義隆記』に

復元された枯山水庭園。公的な池泉庭園に対する私的な空間だったとみられる

よれば、義隆は大徳寺住持の玉堂宗条《ぎょくどうそうじょう》を「参学の師範」として山口に招いており、このとき造園されたとも考えられる。

本書は義隆の一代記にもかかわらず陶隆房に同情的だ。義隆が側近相良《さがら》武任《たけとう》の「讒訴《ざんそ》」を信じて隆房を討つとの風聞があり、決起せざるを得なかったように書いている。そして謀反を決断する隆房の独白には、義憤を超えた抑えがたい情念のようなものが感じられるのである。

「主を思ふに、夜はいときなき子の足までも屋形のかたへむけじといひ、朝日に向かひ礼するには義隆の御身の上、武運長久繁栄と祈り申せし隆房を、相良といへる悪逆の無道人に思ひかへさせ玉ひつゝ……」

実は本書は義隆と隆房がかつて同性愛の関係にあったと書く。義隆の男色は確かな史料からもうかがわれ、単なる物語的潤色とも思われない。愛憎が歴史を動かすことは、いつの世にもあった。幼いわが子の足さえ向けさせなかった主君の館に兵を進めた、隆房の胸中はいかばかりだったか。

（池田和正／二〇一九年一二月三日）

アクセス

大内氏館跡はＪＲ山口駅から車で５分。中国自動車道山口インターチェンジから車で15分。

◆『大内義隆記』とその時代

1528年	大内義興没、嫡男義隆継ぐ
1536年	義隆、天皇即位礼の経費を負担。大宰大弐《だざいのだいに》（大宰府の現地長官）に任官される
1543年	出雲（島根県）遠征で義隆敗北。種子島に鉄砲伝来
1547年	義隆、兵部卿に任官
1548年	義隆、備後神辺《かんなべ》に派兵（～49年）、従二位に昇進
1550年	義隆、参議に任官。山口でザビエルが布教
1551年	陶隆房の謀反で義隆自刃
1555年	陶晴賢（隆房改名）、毛利元就に敗れ自刃
1557年	元就、大内義長を滅ぼす。大内氏館跡に龍福寺再興

◆解く　将軍しのぐ位階　上洛を計画か

藤川　宗《たかし》　聖徳大学兼任講師

大内義隆の父義興《よしおき》は永正《えいしょう》五年（一五〇八）に兵を率いて上洛《じょうらく》、山口に亡命していた足利義植《あしかがよしたね》を将軍に復帰させ、管領代《かんれいだい》として一〇年間幕府を支えた。義隆も父に倣い、上洛を計画していたと考えられる。

義隆の位階は途中で将軍を抜いており、朝廷の軍事部門を統括する兵部卿《ひょうぶのきょう》や、天皇側近が就く侍従や参議に任官している。義隆としては天皇のために上洛するという意識だったとみられる。異例の昇進は京都で政治を動かす立場を確保するためで、ただの名誉欲や京都趣味ではない。備後攻めを行ったのも、上洛ルートとなる山陽地方の地固めとみるべきだ。

しかし上洛となれば家臣の軍事的、経済的負担は大きい。公家や社寺から旧領の返還を求められるリスクもある。陶隆房の謀反は、義隆と公家が主導する上洛計画を阻止することが最大の理由で、これに『大内義隆記』が伝えるような、人間同士の感情のもつれが重なったのではないか。

隆房と、豊後《ぶんご》の大友家から迎えられた新当主・大内義長《よしなが》はともに毛利元就《もうりもとなり》に滅ぼされた。本書にはその後山口を支配した毛利におもねる記述がなく、同時代の人物によって著された貴重な記録といえるだろう。

（二〇一九年一二月三日）

次期将軍「御成」莫大な出費で歓待

31 朝倉始末記 福井県福井市 朝倉館跡

永禄十年十二月廿五日、朝倉屋形ヘ御成《おなり》アリ。雖然《しかれども》未ダ征夷将軍ノ官爵ニモ不被任之《にんぜられざるの》間、朝家《ちょうか》ノ御恐ヲ思召《おぼしめさ》ル、故ニ、密々ノ御成トゾ聞《きこ》ヘケル。去レドモ辻堅《つじがため》ノ次第、献々ノ御進物、何《いず》レモ式々ノ御成ニ不レ異《ことならず》。

『蓮如 一向一揆 日本思想大系17』(井上鋭夫ほか校注、岩波書店)所収の『朝倉始末記』より

朝倉始末記《あさくらしまつき》 戦国大名朝倉氏五代の盛衰を中心に叙述した軍記で、祖型とされる『賀越闘諍記《かえつとうじょうき》』『越州軍記《えっしゅうぐんき》』はじめ数種の異本がある。内容から朝倉氏旧臣の手によって書かれたとみられる。叙述に『太平記』など先行する軍記の影響も見られるが、事実関係はおおむね正確とされ、朝倉氏と加賀の一向一揆、織田信長《おだのぶなが》との抗争、さらに朝倉氏滅亡後の越前一向一揆の経緯を詳細に描く。

豊かな自然に恵まれた谷は戦国時代、武家屋敷や町家が軒を連ねた城下町であった。

福井市街から一〇キロ東南にある一乗谷。そのほぼ中央の山裾にある、堀と土塁が巡る約一〇〇メートル四方の区画が、越前一国を治めた朝倉義景《あさくらよしかげ》の館跡だ。『朝倉始末記』によればここで永禄《えいろく》一〇年(一五六七)一二月、後に室町幕府一五代将軍となる足利義昭《あしかがよしあき》の「御成《おなり》」が挙行された。

この二年前、義昭の兄である京都の将軍義輝《よしてる》が家臣の謀反で命を落とした。奈良で僧籍にあった義昭は辛くも難を逃れ、近江、若狭と流浪した末に、義景を頼った。義昭は次期将軍として迎えられ、「如此《かくのごとく》仁義ヲタヾシ、礼儀ヲ厚クスル儀、乱世ノ中ニハ難有《ありがたき》事也」と記されている。義昭は翌一一年(一五六八)四月に朝倉館で元服し、五月に改めて正式の御成が行われた。

臣下にとって御成は名誉ではあるが、莫大《ばくだい》な出費を要した。同書によれば、最初の御成では一一献、翌年五月

朝倉館跡の堀には、江戸時代に建てられた唐門と薄墨桜のシルエットが、冬空とともに映っていた＝河村道浩撮影

の際は一七献に及ぶ献立を用意した上に、一献おきに名刀や名馬、甲冑《かっちゅう》、絵画、金銀などを御礼として進上している。同書は館の門や城下町の名所で警固した家臣や、義景とともに御礼を言上《ごんじょう》した朝倉一門一八人の名も明記しており、福井県立一乗谷朝倉氏遺跡資料館の川越光《かわごしみつ》洋《ひろ》主任は、「本書が朝倉氏側の内側の人物によって書かれたことがうかがえます」と語る。

『始末記』の記述が信頼できることは、館跡の発掘調査成果から裏付けられた。出土した礎石の配列から、建物の平面プランを検討したところ、館は二つの御殿からなり、奥の御殿は広縁が巡り、中庭に面して三間×四間（二一坪、約四〇平方メートル）の主座敷があったことがわかった。同資料館の熊谷透《くまがいとおる》文化財調査員は、「まさしく『始末記』が記す『奥ノ座十二間』。中庭や広縁で披露された能や舞を見たという記事にも対応している」と解説してくれた。

義景はこれだけ歓待を尽くしながらも、義昭が求めた幕府復興のための上洛《じょうらく》要請には応じなかった。このため義昭は岐阜の織田信長を頼り、同年（一五六八）九月に信長とともに上洛して翌月将軍の座に就いた。義景と

朝倉館跡上空から一乗谷南方を望む。かつては人口１万人を数える城下町だった（小型無人機から）

しては信長を信頼して、義昭を預けたつもりだったろう。

しかし義景は信長という人物を見誤った。元亀《げんき》元年（一五七〇）、信長は「将軍への叛意《はんい》あり」と難癖を付けて越前に攻め入った。義景は一度は信長を撃退したものの、近江での度重なる合戦で兵は消耗し、家臣の離反も相次ぐ。将軍義昭も元亀四年（一五七三）七月、京を追放されてしまった。信長は翌月、越前国境の刀禰坂《とねざか》で朝倉勢に大勝し、一乗谷に突入した。

「十八日ヨリ廿日ニ至テ、一乗ノ谷中、屋形ヲ始《ハジメトシ》テ、館々家々、仏閣僧坊、一宇モ不残《のこらず》放火シテ、灰燼《かいじん》トナリ……」

わずかな供と大野郡の六坊賢松寺《ろくぼうけんしょうじ》（福井県大野市）に逃れた義景は八月二〇日、寝返ったいとこの景鏡《かげあきら》に攻められ四一歳で自刃、朝倉氏は滅亡した。

城下町が北庄《きたのしょう》（福井市）に移ったことで一乗谷はその後の開発を免れ、戦国時代の遺構が現代まで残ることになった。整然と並ぶ礎石は朝倉氏の栄華とともに、悲劇の記憶をも伝えているのだ。

（池田和正／二〇一八年一二月一八日）

アクセス

朝倉館跡はＪＲ福井駅からバスで30分、ＪＲ一乗谷駅から徒歩30分。一乗谷一帯は国の特別史跡で、一部町家が立体復元されている。

◆『朝倉始末記』とその時代

1471年	朝倉孝景、越前支配権を得る
1543年	日本に鉄砲伝来
1548年	朝倉義景、家督を継ぐ
1560年	桶狭間の戦い
1565年	将軍足利義輝、襲撃され死亡
1567年	足利義昭、一乗谷に入る
1568年	織田信長、義昭を奉じ上洛
1570年	信長越前出兵。義景は浅井長政、本願寺などと結んで対抗
1573年	信長、義昭を追放。次いで朝倉、浅井氏を滅ぼす
1575年	信長、越前一向一揆を殲滅《せんめつ》
1582年	本能寺の変

◆解く　将軍への忠誠　戦国大名としての限界

佐藤圭《さとうけい》　一乗谷朝倉氏遺跡資料館元副館長

『朝倉始末記』には物語的な叙述も見られるが、足利義昭の御成や各種合戦の経緯は、同時代の記録や日記と一致する部分が多く、おおむね史実と考えられる。信長賛美の面が強い『信長公記《しんちょうこうき》』に対し、朝倉氏の立場から書かれた史書としてもっと注目されていい。

同書は、永禄一一年（一五六八）三月下旬、一乗谷の南陽寺《なんようじ》で足利義昭と朝倉義景が詠んだ和歌を収める。満開の糸桜を題材に、義昭は「もろ共に月も忘るな糸桜　年の緒《お》長き契《ちぎり》と思はゞ」、義景は「君が代の時にあひあふ糸桜　いともかしこきけふのことの葉」と、固い絆《きずな》を誓い合っている。朝倉氏は応仁の乱以来、戦国時代を通じて室町幕府を支え続けており、義景にとって義昭への忠誠は当然のことだった。

朝倉氏は近江の浅井《あざい》氏や六角《ろっかく》氏、本願寺、延暦寺などと連携して信長に対抗した。一時は優位に立ちながらついに打倒することができなかったのは、将軍義昭を信長が掌中にしていたことが大きい。信長は将軍の命令として戦《いくさ》を仕掛け、自身が不利になると将軍を仲介とする和睦を図った。義景の変わらぬ将軍への忠誠は、戦国大名としての限界だったともいえる。

（二〇一八年一二月一八日）

32 兼見卿記 滋賀県大津市 坂本城址

山と湖を望む天主 光秀が築く

> （元亀三年十二月二十四日）去る二十二日、明智見廻《みまい》のため坂本に下向す。（中略）城中天主作事以下悉《ことごと》く見せらるるなり。驚目《きょうもく》しおわんぬ。（元亀四年六月二十八日）天主の下小座敷を立。移徙《わたまし》のおりふし下向祝着《しゅうちゃく》の由機嫌なり。
>
> 『新訂増補 兼見卿記 第一』（金子拓ほか校訂、八木書店）より。原文は漢文。読み下し文は金子拓・東京大学史料編纂所准教授による

兼見卿記《かねみきょうき》 織豊《しょくほう》期の公家で、吉田神社神主の吉田兼見（一五三五～一六一〇年）の日記。兼見は武家と朝廷の橋渡し役として、光秀《みつひで》、信長《のぶなが》、秀吉《ひでよし》、足利義昭《あしかがよしあき》などと交流が深く、本能寺の変や秀吉の関白就任への過程などがつづられ、当時の政治状況を知る重要史料。坂本城については、築城時に加えて、光秀の敗戦後に「高山次右衛門」という配下が城を焼いて自害したことまで詳しく紹介されている。

湖面のさざ波が朝日で輝く。鴨《かも》や鳰《かいつぶり》などの水鳥がのんびりと泳いでいる。岸辺から眺める、冬の琵琶湖はとても穏やかだ。

背後には比叡山がそびえる大津市下阪本。織田信長による同山の焼き打ち後に、重要な山と湖に囲まれたこの地の統治を任された武将がいた。今年（二〇二〇）のNHK大河ドラマ「麒麟《きりん》がくる」の主人公、明智光秀である。

戦国時代、琵琶湖岸は舟運の利と防御性から多くの城が築かれた。その筆頭は、黄金に輝く天主（守）を構えたとされる信長の本拠・安土城（近江八幡市）だ。一方、光秀が建てた坂本城が、主君の信長の安土城より先に天主を有した画期的な城だったことは、あまり知られていない。

『兼見卿記』はその築城過程を記録した貴重な記録。著者の吉田兼見は光秀と交流が深く、築城の見舞いに訪ねた際、「驚目《きょうもく》しおわんぬ」と天主の工事風景に驚嘆して

夜明けの琵琶湖。湖中の石垣の遺構は、湖岸からはほんの先端しか見えないが、慎重にカメラを水中に沈めると、藻に覆われた石垣が姿を現した＝河村道浩撮影

いるのだ。

元亀《げんき》三年（一五七二）は、安土城建築の四年も前である。高層建築の先駆けでもある天主を見るのは、もちろん初めてだったろう。兼見はその後も天主の下の「小座敷」、大天主とは別の「小天主」などの存在を興味深そうに記しつつ、「茶湯・夕食」といった城主の光秀に受けたもてなしの数々もつづる。

本能寺の変で信長を自害に追い込んだ光秀は、山崎の戦いで羽柴（豊臣）秀吉に敗れた。「三日天下」の後、坂本城は秀吉方の武将が占拠、後に取り壊された。湖岸に築かれた城壁の石垣は、今は底部だけが湖の中にそのまま残っており、時折、水面に現れる先端が見えるだけだ。

「一九九四年の異常渇水で水が引き、約二〇メートルの石垣列がはっきりと姿を見せた時は大きな注目を集め、道路が大渋滞したほどでした」。大津市歴史博物館副館長の和田光生《わだみつお》さんが振り返る。近年、琵琶湖の水位は一定に保たれ、歴史ファンにとって待望の〝幻の城〟が姿を現す機会も少なくなったという。

坂本城の門を転用したとされる聖衆来迎寺の表門。重要文化財に指定されている

一方、周辺には光秀の足跡が豊富に残る。石垣跡から約二キロ北の聖衆来迎寺《しょうじゅらいこうじ》には、坂本城の城門を移築したとされる表門が残る。光秀一族の墓所がある西教寺《さいきょうじ》は、信長による焼き打ちで被害を受けたが、光秀が復興に尽力したとされる。

西教寺には光秀の数々の逸話が残る。妻・熙子《ひろこ》が天《てん》正《しょう》四年（一五七六）に亡くなった際、当時の慣例に背き、妻の葬儀に参列した。戦死した部下の供養米を同寺に奉納する際、身分の低い「中間《ちゅうげん》」の分まで寄進した。「妻思い、部下思いという人柄が伝わりますが、慣例にとらわれない人でもあったのでしょう」。同寺の広報担当者は、そう語る。

信心深く、進取の気性に富む――。地元に伝わる光秀像は近代以降の負の印象と異なる。兼見の坂本城訪問のたび、「機嫌」よく迎えてくれたという光秀。『兼見卿記』には、本能寺の変直後の天正一〇年（一五八二）六月七日、「謀反の存分」を雑談したともある。だが、その詳細は書かれておらず、今なお日本史最大の謎だ。

（多可政史／二〇一〇年一月七日）

アクセス

明智光秀の石像などがある坂本城址公園まで、ＪＲ大津駅から江若《こうじゃく》バスで約20分の「石川町」で下車し、北に約200メートル。石垣跡が見られる湖岸は、公園から北にさらに約200メートル。

◆『兼見卿記』とその時代

1568年	織田信長が将軍足利義昭を奉じて入京
1571年	信長、比叡山焼き打ちを実行
1573年	室町幕府滅びる
1576年	信長、安土城築城
1582年	天正遣欧使節がローマに派遣される 本能寺の変と山崎の戦い。光秀敗死
1585年	秀吉、関白就任。大坂城天守が完成
1586年	大津城築城
1590年	秀吉、小田原・奥州平定（全国統一）

◆解く　安土城の「試作品」　信長が許可か

中井均　滋賀県立大学教授

坂本城は、ポルトガル人宣教師ルイス・フロイスの『日本史』でも「安土城に次ぐ名城」と紹介されています。秀吉が本拠を大坂城に構え、より大坂に近い大津城が造られたことで廃絶しますが、その価値は秀吉も認めていました。

信長が天主の建設を光秀に許可したのは、安土城の「試作品」として坂本城を位置づけていたからとみられます。高層建築である天主を造るには、堅固な石垣も必要です。小牧山城《こまきやまじょう》（愛知県）などで優れた石垣を造っていた尾張の工人集団などが信長によって派遣された大工事だったとみられます。

信長の時代の天主は城主が暮らす生活空間でした。『兼見卿記』にある、天主に小座敷があり、小天主で茶会を催したなどの記述は当時の天主の使われ方を知る上で重要です。坂本城が記述通り、大天主と小天主が併存し、土塀などで結ばれた「連結式」の天主だったとすれば、「独立天主」と考えられてきた安土城も同様の構造を採用していた可能性があります。

『兼見卿記』は坂本城にとどまらず、日本城郭史にとって大きな意味を持ち、安土城を始めとした他城郭の研究や復元などにも考慮されるべき史料だと言えます。

（二〇二〇年一月七日）

33 信長公記　愛知県新城市　設楽原古戦場

新東名高速道路を東京から名古屋方面に向かい、浜松を過ぎると、長篠設楽原《ながしのしたらがはら》パーキングエリア（愛知県新城《しんしろ》市）がある。織田氏の家紋を印《しる》した幟《のぼり》が立つ戦国風のパーキングエリアからは、長篠合戦で織田信長が本陣を敷いたとされる茶臼山《ちゃうすやま》まで、歩いて行くことができる。『信長公記』には、信長が「志多羅《したら》の郷《さと》極楽寺山に御陣《ごじん》を居《す》ゑられ」と、現在の新城市上平井に布陣したことが書かれるが、その後、北東へ一・五キロほど離れた同市牛倉の茶臼山に陣を移したとされる。

　パーキングエリアの駐車場からは、合戦が行われた新城市を一望することができる。「志多羅の郷は一段地形くぼき所に候」と書かれた谷あいの狭い地域で、天正《てんしょう》三年（一五七五）五月、信長・徳川家康《とくがわいえやす》の連合軍三万八〇〇〇人と武田四郎勝頼《たけだしろうかつより》の一万五〇〇〇人が連吾川《れんごがわ》を挟んで激突した。六時間に及ぶ激戦の末、武田方は山県昌《やまがたまさ》景《かげ》や内藤昌豊《ないとうまさとよ》など名だたる武将をはじめ一万人の死者を出し、敗走した。

敵かたへ見えざる様に段々に御人数《にんじゅ》三万ばかり立置かせられ、先陣は国衆《くにしゅ》の事に候《そうろう》の間、家康ころみつ坂の上、高松山に陣を懸け、滝川左近・羽柴藤吉郎・丹羽五郎左衛門両三人、同じくあるみ原へ打上《うちのぼ》り、武田四郎に打向《うちむかい》、東向に備《そなえ》られ、家康・滝川陣取の前に、馬防《うまふせぎ》の為柵《ためさく》を付けさせられ、（後略）

『信長公記』（奥野高広・岩沢愿彦校注、角川文庫）より

信長公記《しんちょうこうき》　織田信長《おだのぶなが》の弓衆、太田牛一《おおたぎゅういち》（一五二七〜？年）が江戸時代初期にまとめた信長の一代記。一五六八年の上洛《じょうらく》から、信長が横死した八二年の本能寺の変までの約一五年間の記録をつづる。信長の動きを知る史料として、信頼性が高い。長篠合戦における鉄砲による三段撃ちの記述はなく、江戸時代の儒学者、小瀬甫《おぜほ》庵《あん》が記した『信長記』に見られるが、甫庵の『信長記』には創作部分も多く、信憑《しんぴょう》性に欠けるとの指摘がある。

[illegible]山信長陣営の[illegible]本陣跡は現在、木々に囲まれ、稲荷神社となっている＝鈴木[illegible]撮影

合戦場周辺の田んぼは、生産効率をあげるために昭和期に行われた圃場《ほじょう》整備で変わってしまった。だが、新城市設楽原歴史資料館の学芸員、湯浅大司《ゆあさひろし》さんは「山の場所や川の流れなど大きな地形はほぼ戦国の姿を残している」と教える。

この土地独特の粘りけの強い田んぼを通ることを避けた武田方は、一途、街道を進み、家康の陣に向けて攻撃を仕掛けた。街道の先には、連合軍が設けた「馬防《うまふせぎ》の為《ため》」の柵、つまり「馬防柵《ばぼうさく》」が待ち受け、鉄砲など飛び道具で応戦した。「鉄炮を以て散々に打立《うちた》てられ引退《ひきのく》」「鉄炮にて待請《まちう》けうたせられ候へば、過半打倒《うちたお》され無人《ぶにん》になつて引退く」と、次々倒されていく武田方の描写が目につく。ここで描かれた場所は、竹広《たけひろ》激戦地として今に伝えられ、かつてと同じく幅の狭い街道が残っている。

さすがに、当時の馬防柵は残っていないが、鉄砲隊の前田《まえだ》

利家《としいえ》の陣と伝えられる場所付近には、地域の有志が手作業で再現した馬防柵がある。木と木の間からのぞくと、

長篠合戦で、信長・徳川連合軍が向かって左に、武田軍が右に構えて対峙した連吾川（小型無人機から）

連吾川の向こうに、勝頼の本陣があった小高い山が確認できる。湯浅さんによれば、馬防柵から、直線距離で四〇〇メートルほど離れた勝頼の陣に向けて火縄銃を撃つと、力は弱まるものの、着弾するという。湯浅さんは「勝頼は『こんなところにまで届くのか』と脅威に感じただろうから、心理的効果は大きかったのでは」と話す。

『信長公記』を記した太田牛一は、戦いを詳述しており、長篠合戦の現場にいた可能性が考えられている。約四五〇年後の今、現地に立って本書に目を落とせば、往時のまま残された地形は、戦いの風景をより雄弁に物語る。

（前田啓介／二〇一八年四月一〇日）

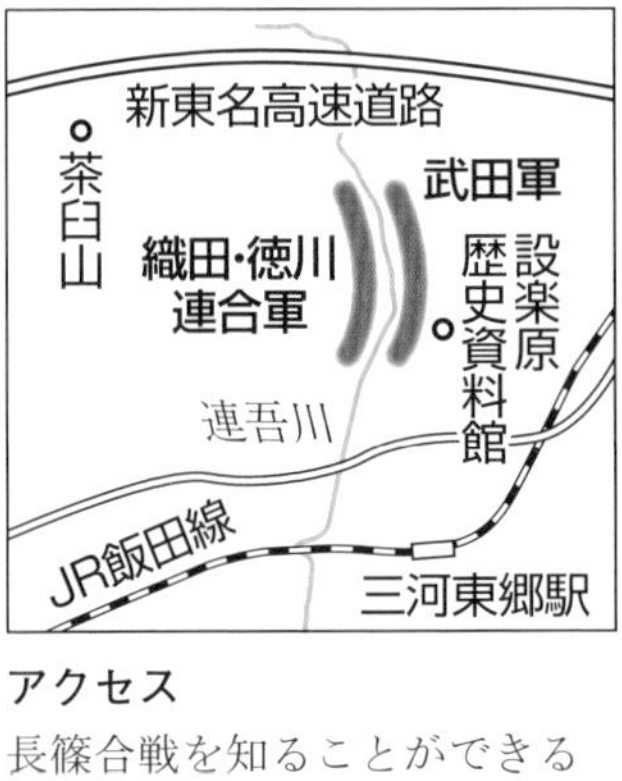

アクセス

長篠合戦を知ることができる新城市設楽原歴史資料館までは、ＪＲ三河東郷駅下車、徒歩約15分。車なら、新東名高速道路・新城インターチェンジから約５分。

◆『信長公記』とその時代

1560年	織田信長が桶狭間で今川義元を破る
1562年	フランスで宗教戦争であるユグノー戦争始まる
1571年	スペイン人、フィリピンにマニラ建設
	レパントの海戦。スペインなどがオスマン帝国を撃破
1576年	信長、安土城を築き始める
1582年	九州のキリシタン大名、天正遣欧使節を派遣
1582年	天目山の戦い、武田氏滅亡
	本能寺の変、信長が明智光秀に背かれ敗死
1588年	アルマダ戦争。スペイン艦隊をイギリス海軍が撃退

◆解く　最重要資料　忠実な読み取りが進展

金子《かねこ》拓《ひらく》　東京大学史料編纂所准教授

長篠合戦といえば、映画などで、突撃してきた武田方の騎馬隊を織田・徳川連合軍の鉄砲隊が代わる代わる連射する三段撃ちのシーンが有名です。しかし現在、研究者の間では、三段構えで順番に撃つことはなかったと考えられています。『信長公記』にも三段撃ちの場面は登場しません。鉄砲を使った新しい戦術が実行されたという戦術革命も否定されています。

信長の勝因は、連吾川での激突より前に、勝頼の背後の鳶《とび》ヶ《が》巣山《すやま》を占領できたことです。敵の背後を突くのはセオリー通りですが、攻めるタイミングを見落とさなかったことが信長の高い戦術能力を示しています。

当時、信長にとって重要なのは本願寺との戦いで、武田方と激突する気はなかったと思います。『信長公記』にも「敵かたへ見えざる様に」兵を配置し、「御身方（味方）一人も破損（損害）せざるの様」にしていたと記されており、無用な損害を出さないよう、防御型の布陣を敷いていたと考えられます。

近年、長篠合戦を考える上で、最重要の基礎資料である『信長公記』を忠実に読み取る研究が進んでいます。江戸時代の文書なども参考により現実に近い合戦像が再現されようとしています。

（二〇一八年四月一〇日）

34　多聞院日記　奈良県平群町　信貴山城跡

奈良盆地一帯を地元では「国中《くんなか》」と呼ぶ。ここは日本という国の揺籃《ようらん》の地。その自負を感じさせる言葉だ。大阪・奈良の府県境にある信貴山《しぎさん》の頂上に登ると、国中が一望できる。戦国末期、大和を支配した松永久秀《まつながひさひで》が最期を遂げた信貴山城があった。

久秀の出自は、最近の研究によると、現在の大阪・高槻周辺とされるが、前半生はほとんどわかっておらず、父親の名前も不明だ。戦国武将、三好長慶《みよしながよし》に仕え、外交と軍事で頭角を現した。永禄《えいろく》二年（一五五九）、大和に入り、興福寺や東大寺を見下ろす高台に多聞山城《たもんやまじょう》を築城、約一五年間、実質的な支配者として君臨し、筒井《つつい》順慶《じゅんけい》や三好三人衆らと攻防を繰り広げた。最晩年には織田信長《おだのぶなが》に仕えるが、天正《てんしょう》五年（一五七七）、本願寺合戦で参陣していた大坂から突如退き、信貴山城に籠城。信長軍の猛攻に敗れ、没した。

経歴とはよそに、久秀といえば、「戦国の梟雄《きょうゆう》」で知られる。世上に流布するイメージは次のようなものだ。

（大正五年十月）十日、（中略）戌半時《いぬはんとき》（午後九時頃）ヨリ信貴城《しぎじょう》焼了《やきおわんぬ》、如何《いかん》、十一日、昨夜松永父子腹切自焼了《はらきりじしょうしおわんぬ》、今日安土へ首四ツ上了《あげおわんぬ》、則《すなわち》諸軍勢引云々《ひくとうんぬん》、先年大仏ヲ十月十日ニ焼《やき》、其《その》時刻ニ終了《おわりぬ》、仏ヲ焼ハタス、我モ焼ハテ也、大仏ノ焼タル翌朝モ村雨降了《ふりおわんぬ》、今日モ爾《しかなり》也、奇異ノ事也、

『増補続史料大成39　多聞院日記　二』（臨川書店）より

多聞院日記《たもんいんにっき》　奈良・興福寺塔頭《たっちゅう》、多聞院の英俊《えいしゅん》らが書き継いだ日記。四六巻。一四七八年から一六一八年の記録だが、欠けている年代も多い。興福寺内外の情勢を中心に、大和、山城などの政治、社会、文化などを記している。畿内を中心とした、戦国時代から江戸初期にいたる変革期を知る上で、きわめて価値が高い基礎資料とされる。

城があったとされる信貴山山頂から奈良盆地を望む。朝焼けが空を彩る（小型無人機から）＝河村道浩撮影

「将軍足利義輝《あしかがよしてる》を弑逆《しいぎゃく》し、長慶の嫡子義興《よしおき》を殺害、東大寺の大仏殿を焼いた大悪人。主君を次々と代え、最後は信長を裏切り、茶器・平蜘蛛《ひらくも》を道連れに、信貴山城の天守閣で爆死した」

しかし、実際には、その悪名の多くが虚偽であるとされる。義輝殺害は、久秀の子の久通《ひさみち》の仕業で、久秀は無関係である可能性が高い。義興は病死で、病状の悪化を心配する久秀の書状もある。三好三人衆との戦いで大仏殿が焼けたのは事実だが、放火したというより、延焼が原因だったとされる。

興福寺の塔頭《たっちゅう》、多聞院の英俊はよほど久秀のことが嫌いと見え、『多聞院日記』で「悪逆」「大業人《だいごうにん》」と罵倒する。最期について、大仏殿が焼けた時と同じように雨が降ったと「仏罰」を示唆するが、死にざまは「腹を切って（城を）焼いた」とするだけで、爆死とは一言も書いていない。爆死説は、悪役に派手な死にぎわをと、後世の文芸などで付け加えられた嘘《うそ》なのだ。

最後に信長を裏切った。これは事実だ。直前、信長は大和の支配を久秀の仇敵《きゅうてき》の筒井に任せ、久秀が手塩にかけて築いた多聞山城を破却し、安土に移築させようとし

松永久秀のものと伝わる墓（奈良県王寺町の達磨寺で）

た。自らが築き上げてきたものをすべて奪い取ろうとする信長の仕打ちに対する、七〇歳の久秀の無念はわからないでもない。むしろ、裏切ったのは信長の方が先だったとも考えられる。

　信貴山の頂上近くに、聖徳太子《しょうとくたいし》ゆかりの朝護孫子寺《ちょうごそんしじ》の堂宇が広がる。信貴山城とともに焼けたが、その後、豊臣秀頼《とよとみひでより》が再建したと伝わる。寺では六年前から信貴山城の清掃や講演会などを通じ、久秀の復権を目指しており、野澤密孝《のざわみっこう》法主は「久秀は茶の湯をたしなむなど、文化を愛する一面もあった。実像がどうだったのか、見直していきたい」と話す。

　最近、久秀の肖像画が新たに発見された。その表情は穏やかな能吏に見え、荒々しい武将にはほど遠い。外交上手で教養が深かったといわれる久秀。本当の姿が今後の研究で明らかになるかもしれない。それもまた、歴史の醍醐味《だいごみ》だ。

（滝北岳／二〇二〇年五月一九日）

アクセス

朝護孫子寺へはＪＲ、近鉄の王寺駅から奈良交通バス約20分、西信貴ケーブル高安山駅からバス約10分。信貴山城跡には同寺から山道を徒歩で約20分。

◆『多聞院日記』とその時代

1559年	松永久秀、三好長慶の命を受け、大和に侵攻
1562年	久秀、多聞山城を築城
1564年	長慶没
1566年	久秀、三好三人衆との戦いに敗れ、一時行方不明に
1567年	久秀、多聞山城に復帰。三好三人衆との戦いで、東大寺大仏殿が焼失
1571年	織田信長、比叡山を焼き打ち
1573年	久秀、信長に降伏
1576年	信長、安土城の築城を開始
1577年	久秀、信長から離反。信貴山城に籠城するが自害

◆解く　「仏罰」を示唆する自害の記述

天野忠幸《あまのただゆき》　天理大学准教授

『多聞院日記』の大部分を執筆したのが興福寺塔頭、多聞院の僧英俊です。この時代、興福寺は大和一国を支配していた頃とは比べものにならないが、大きな影響力を保ち続け、畿内一円から様々な情報がいち早く入ってきました。それを小まめに書きためているのが特徴です。不正確な情報は後で訂正しています。史料としての信頼性が高く、これがなければ戦国期の大和の研究はできません。

ただ、英俊も人間だから、好き嫌いはあるし、僧侶としての立場もある。よそから突然現れ、奈良の市街地を見下ろす高台に巨大な城を築いた、松永久秀には好感情は持っていませんでした。半年間も三好三人衆と市街戦を繰り広げ、大仏を焼く原因となったことも許せなかったのでしょう。久秀が信貴山城で自害した時、英俊は「仏罰」めいた記述を残しています。

久秀が悪く言われるのは、出世しすぎたこともあります。出自も明らかでないのに、実に有能で、主君の三好長慶や将軍の足利義輝と同じ「従四位下《じゅしいげ》」という官位をもらった。周囲からの嫉妬は並大抵ではなかったでしょう。

（二〇二〇年五月一九日）

信長も滅ぼせなかった忍び

35 伊乱記　三重県伊賀地方

寄《よせ》手《て》の軍兵、去る卯《う》の秋、勢州《せいしゅう》方恥辱を取《とり》、其《その》遺恨有《あり》しゆへ、此度《このたび》を幸《さいわい》と所々の要害を破却し、神社仏閣を焼払《やきはらい》、僧俗男女を不弁《わきまえず》殺害す、依之《これにより》近江大和河内辺《あたり》へ落行《おちゆき》残る輩《やから》、殺害に及ぶ輩、一国過半に及びけり

『伊賀旧考　伊乱記』（伊賀古文献刊行会編纂、伊賀市）より

伊乱記《いらんき》　伊賀の豪商の家に生まれた国学者菊岡如幻《きくおかにょげん》（一六二五～一七〇三年）が一六七九年にまとめた。伊賀の歴史や天正伊賀の乱などについて記す。原本はなく写本をもとに伊賀古文献刊行会が二〇〇六年、『伊賀旧考　伊乱記』を編纂した。『伊賀旧考』も菊岡の作で『伊乱記』と重複する部分が多い。天正伊賀の乱については織田信長《おだのぶなが》に仕えた太田牛一《おおたぎゅういち》の『信長公記《しんちょうこうき》』、興福寺多《た》聞院《もんいん》の僧英俊《えいしゅん》らによる『多聞院日記』にも記述がある。

「伊賀を一望できませんか」と聞くと、三重大国際忍者研究センターの酒井裕太《さかいゆうた》さんは、伊賀上野城から車を二〇分余り走らせた。本能寺の変で身の危険を感じた徳川《とくがわ》家康《いえやす》の「伊賀越え」で知られる御斎峠《おとぎとうげ》に着く。展望台からは伊賀盆地が見渡せた。こんもり茂る山林が点在し縄張りのように水田地帯を細分する。

「中世には六〇〇以上の城館があり土豪らが割拠していました。誰のものかわからない遺構もあります」と酒井さんは教えてくれた。一五八一年の第二次天正伊賀の乱で、伊賀は織田信長の次男信雄《のぶかつ》率いる四万超の軍勢によって壊滅させられた。

第二次天正伊賀の乱は「天下布武《てんかふぶ》」を掲げる信長と伊賀の「忍び」の戦《いくさ》だった。『伊乱記』は織田勢の容赦ない仕打ちを伝える。老若男女を問わず刃《やいば》を向け、建物には火を放った。

赤目四十八滝《あかめしじゅうはちたき》の入り口にある延寿院《えんじゅいん》も例外ではなかった。不動滝、千手滝などが続く渓谷は古くから修行の場

忍びも修行したという赤目四十八滝の一つ、布曳滝（ぬのびきだき）。滝つぼから水流が放射状に広がる（三重県名張市で、１秒間露光）＝鈴木竜三撮影

だった。住職の松本篤明さんは「何ものも生ぜず、滅びないことを悟る仏教の『無生法忍《むしょうぼうにん》』の教えは忍びの考え方に通じる」と話す。行者として籠もった忍びも多く、赤目四十八滝を守るように立つ延寿院は織田勢によって焼かれた。

伊賀の忍びはどのように暮らしていたのだろうか。作家の和田竜《わだりょう》さんは天正伊賀の乱を題材にした小説『忍びの国』で、主人公の忍びが他国から連れてきた妻に言わせている。「忍び忍びというから何かと思えば伊賀ではただの百姓ではありませんか」

『伊乱記』はこう記す。

「毎朝寅ノ刻《とらのこく》に起きて巳ノ刻《みのこく》限り面々の家業を勤励し、午ノ刻より後は一所に行《いき》て遊び、軍術兵道稽古し、別而《べっして》惻隠術《そくおんじゅつ》を習ひ是《これ》を練す」

午前は家業に励み、午後は現在の伊賀上野城の一角にあった平楽寺などで戦の稽古、とりわけ忍びの術の訓練をした。

忍びの戦は今で言うゲリラ戦だ。「忍ひの者を入れて寄手《よせて》の陣に火を掛け、或《あるい》は夜討《ようち》なと度々寄手をなやましければ」

織田勢の陣に潜入して火を放ち、夜襲を繰り返した。心理戦も仕掛けた。「百姓共《ひゃくしょうども》を語らひ、松明《たいまつ》を焼し、山の上下を往来せしめ、大勢後詰《ごづめ》をする躰《てい》に見せかけなば、寄手備へを乱すべし」

農民を装った忍びに松明を持たせて山を上り下りさせ、多くの後方部隊がいるように見せかけて混乱させた。

伊賀上野城の木造模擬天守（三重県伊賀市で）

信長の許しを得ずに信雄が攻め入った一五七九年の第一次天正伊賀の乱では忍びの側が勝利した。信長はその後、一〇年に及んだ石山合戦を収め、天下統一に向けた伊賀攻めの機は熟す。号令一下、攻め寄せる大軍に、伊賀は平らげられた。

それでも忍びは生き延びる。

信長が落命した本能寺の変を受けた家康の伊賀越えは、忍びの助けがあったからこそだったと聞く。その家康が築いた徳川幕府の下、伊賀の忍びは能力を買われて各藩に根をはる。信長をもってしても忍びを滅ぼすことはできなかった。

（渡辺嘉久／二〇一九年八月二〇日）

アクセス

赤目四十八滝へは近鉄赤目口駅からバスで約10分。伊賀上野城へは伊賀鉄道上野市駅から歩いて10分弱。これらを含め周遊には車を利用。

◆『伊乱記』とその時代

1560年	桶狭間の戦いで織田信長が今川義元を討つ
1568年	信長、足利義昭を奉じて入京
1570年	姉川の戦いで信長・徳川家康連合軍が浅井長政・朝倉義景連合軍を破る
1573年	室町幕府滅ぶ
1575年	長篠の戦いで信長・家康連合軍が武田勝頼を破る
1579年	第一次天正伊賀の乱
1580年	石山合戦終わる。信長が本願寺を屈服させる
1581年	第二次天正伊賀の乱
1582年	本能寺の変で信長死す

◆解く　江戸期には各藩の情報収集役に

山田《やまだ》雄司《ゆうじ》　三重大学教授

天正伊賀の乱については、同時代に詳しく記された一次史料がほとんどない。『伊乱記』がまとめられた当時はまだ色々な話が語り継がれ、残っていたと思われる。軍記物に分類され、内容には誇張もあるが、資料価値は高いだろう。

伊賀の「忍び」は土豪や地域の有力者だった。『伊乱記』には特に土豪や地名、城館などに関する記述が多く詳細で、戦国時代の城館研究などにも役立っている。

忍びに関して学術的な研究は始まったばかりだ。古文書や古記録を通して実像がわかってきた。「忍者」の呼び名が定着したのは戦後になってからで、印《いん》を結んでドロンと消える奇想天外なイメージが強調されてきた。『伊乱記』からは、本当の忍びがどのような活動をしていたのかがわかる。

江戸時代になると各藩は情報収集や治安維持のために忍びを抱え、特に伊賀者、甲賀者は評価が高かった。各地にある伊賀町、甲賀町といった地名はその名残だ。

史料には必ず書き手の意図が込められている。菊岡如幻は、伊賀は織田勢によって滅ぼされたわけではなく生き続けていると後世に伝えたかったのではないか。

（二〇一九年八月二〇日）

敵大軍ゆえ、こたへ候《そうろう》事成らず、観音堂を追い下られ、御旗本まで逃げ懸《かか》り候。茂庭左月を始め百余人、打ち死に仕《つかまつ》り候。左月の験《しるし》は取られず、伊達元安・同美濃守・同上野・同彦九郎・原田左馬助・片倉小十郎防戦候あいだ、大敗軍はこれ無く候、我等備《そなえ》は味方一人も崩さず。

『群書類従　第二十一輯　合戦部』（続群書類従完成会）より。
読み下し文は黒嶋敏・東京大学史料編纂所准教授による

成実記《しげざねき》　政宗《まさむね》を支える武将として仙台藩の基礎を築く活躍をした伊達成実《だてしげざね》（一五六八～一六四六年）が記した伊達家の記録。輝宗《てるむね》の時代から関ヶ原合戦（一六〇〇年）頃までの出来事を紹介し、「伊達日記」とも称される。その記述は、伊達家の正史『治家記録《じけきろく》』にも引き継がれ、政宗の生涯を知る上での一次史料として評価されている。江戸時代の国学者・塙保己一《はなわほきいち》が編纂《へんさん》した『群書類従』などに収録されている。

36 成実記　福島県本宮市　人取橋古戦場

「人取橋《ひととりばし》」という名前からして、激戦の跡をうかがわせる。

福島県本宮《もとみや》市の瀬戸川に、かつてかかっていた橋の周辺は、文字通り武士が命のやりとりをした場所だった。この地で天正《てんしょう》一三年（一五八五）一一月、武将人生の転換点となる戦いを繰り広げたのが伊達政宗だ。当時まだ一九歳。米沢城主の父・輝宗から家督を継いだばかりだった。

政宗軍七〇〇〇兵に対し、敵方三万兵。不利な戦いを政宗が強行するに至った経緯は、従軍した重臣・伊達成実の日記『成実記』に詳しく書かれている。

対抗勢力の討伐に意欲を燃やす政宗の矛先は、二本松城（二本松市）の畠山義継《はたけやまよしつぐ》へと向かった。畠山氏は、幕府から奥州諸豪族を監督する奥州探題に任じられた名門だが、政宗と対立した大内氏に援軍を出し、怒りを買う。恭順の意向も退けられ、義継は窮地に立たされた。

事態打開のため、義継は交渉役として面会した政宗の

かつての激戦の跡地、人取橋古戦場。田んぼの中にたたずむ茂庭左月の墓石は江戸時代後半、子孫の手によって建立されたといわれる＝鈴木竜三撮影

父・輝宗を拉致した。「御大公の御胸の召し物を左の手にて捕らへ、右にて腰刀を御抜き候」。二本松城に連行し、交渉を有利に進める意図があったのだろう。だが、本拠への道中で伊達の追っ手の攻撃を受け、混戦の末に義継とともに輝宗も落命した。

父の死に逆上した政宗は難攻不落の二本松城を包囲する。持久戦の中、畠山氏の援軍が続々と集結。政宗が迎え撃ち、両軍が激突したのが、街道の結節点だった人取橋周辺だった。

人取橋古戦場は、当時の街道近くを走る国道四号沿いにあったと推定される。瀬戸川にかかっていたとされる橋は、現存しない。かつては原野だったが、江戸時代に川の水を引き、一帯は田畑地帯となっている。

数少ない激戦のよすがは、古戦場にぽつんと立つ墓石だ。合戦で落命した伊達家重臣・茂庭《もにわ》（鬼庭《おににわ》）左月《さげつ》のものとされる。

享年七三歳。伊達家正史『治家記録』には、老齢のため甲冑《かっちゅう》を着けず、黄綿の帽子姿で戦場に立った最期が描かれる。車が行き交う国道脇に立つ、孤

畠山氏の本拠地だった二本松城跡。険しい丘陵に囲まれ、江戸期には二本松藩（丹羽氏）の城として整備されるなど、中世・近世を通じて重要な拠点として機能した。頂上には江戸期の本丸石垣が復元されている（二本松市で、小型無人機から）

高なたたずまいの墓石は老将の壮絶な最期を彷彿《ほうふつ》とさせ、その名は青田茂庭の地名にも残る。

「茂庭左月を始め百余人、打ち死に仕《つかまつ》り候」。『成実記』の記述通り、政宗は甚大な被害を出した。一方、優勢だった連合軍も伊達軍を深追いせず、撤退した。戦いの勝敗の評価は戦国史研究の議論の的だが、当事者の成実は「大敗軍はこれ無く候」と善戦した点を強調する。

「政宗の若さが出た戦いだったが、実は敵に諜報《ちょうほう》を潜り込ませ、寄せ集めの連合軍の士気の低さを見抜いたのかもしれません」。本宮市立歴史民俗資料館の長谷川《はせがわ》正《ただし》・副専門学芸員は強攻策の背景を分析する。

危機を脱した政宗は二本松城の包囲を続け、畠山氏と有利に和議を結んだ。後に東北の雄として活躍する政宗にとって、教訓と自信を得た原点の地が人取橋だったのだ。

（多可政史／二〇二〇年三月二四日）

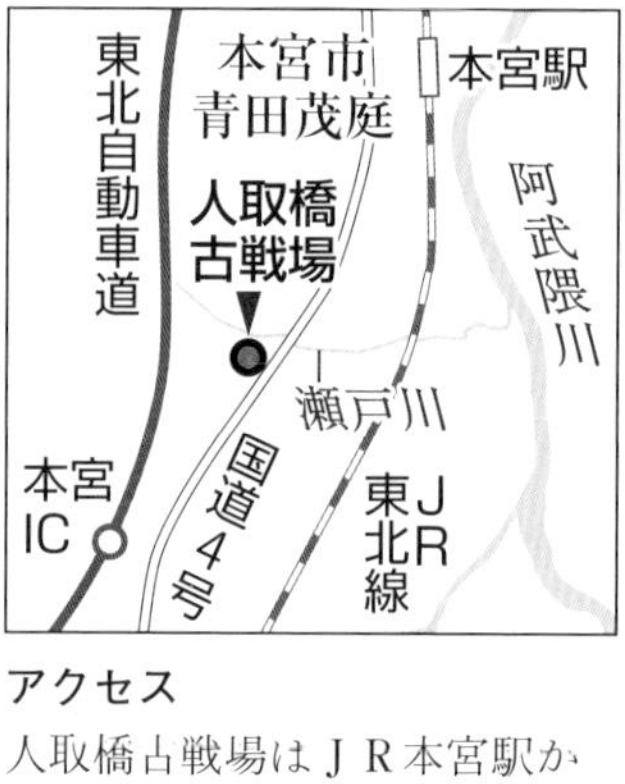

アクセス

人取橋古戦場はＪＲ本宮駅から車で10分、東北自動車道・本宮インターチェンジから車で５分。二本松城跡（二本松市）は、ＪＲ二本松駅から徒歩20分。

◆『成実記』とその時代

1584年	伊達輝宗、政宗に家督を譲る
1585年	畠山義継、輝宗を拉致。義継・輝宗の死去を受け、人取橋の戦い勃発
1586年	政宗、畠山氏と和議。二本松城開城
1589年	政宗、摺上原《すりあげはら》の戦い（福島県磐梯町・猪苗代町）で蘆名氏に勝利。南奥州の覇権を確立
1590年	政宗、豊臣秀吉の小田原攻めに参陣。秀吉による奥羽仕置開始
1600年	関ヶ原合戦
1601年	政宗、居城を仙台に移し、仙台藩誕生

◆解く「敗北せず」仙台藩も認識を継承

黒嶋《くろしま》敏《さとる》　東京大学史料編纂所准教授

『成実記』は伊達家の歴史を知る重要な一次史料です。数々の合戦に功があった成実ならではの臨場感のある記述が目を引きます。成実は一時、政宗のもとを出奔する不遇の時期を送りますが、そうした中で自身の正当性を強調する意味でも、戦いの日々を克明にまとめたのだと思います。特に伊達家の転換点である人取橋の戦い前後の動向には、多くの記述を割きました。

連合軍には、会津の蘆名《あしな》氏や常陸《ひたち》の佐竹《さたけ》氏らも含まれました。政宗の勢力拡大を阻む意図があったとみられますが、佐竹氏が、関東の北条氏との対立で東北に深追いできなかったなどの事情から、撤退を余儀なくされました。

一方、政宗は交通の要衝に位置する二本松城を手に入れたことで、南陸奥への領国拡大が可能となり、蘆名氏攻めにもつながりました。後に東北を代表する大名になるきっかけが人取橋の戦いと言えます。

こうした背景から、成実は「敗北しなかった」点を強調したとみられます。この主張は『治家記録』にも引き継がれ、人取橋の戦いは仙台藩の歴史認識の中でも、敗戦ではなく、辛くも危機を乗り越えた苦戦と位置づけられたのです。

（二〇一〇年三月二四日）

戦国屈指の攻城戦　諜報活動も

37 上井覚兼日記　福岡県太宰府市　岩屋城跡

二十七日、諸勢寅《とら》の刻ばかりより城近く指し寄せ、時分を相待ち候なり、拙者手一番にて候わではと存じ候て、宮崎衆鬨《とき》を挙げ、未明に取り添いの岸に付き候、（中略）みなみな石打《いしうち》に合われ候て、散々の式どもなり

『太宰府市史 中世資料編』（太宰府市史編集委員会編、太宰府市）所引の『上井覚兼日記』より

上井覚兼日記《うわいかくけんにっき》　島津義久《しまづよしひさ》の老中で、宮崎城主を務めた上井覚兼（一五四五～八九年）の日記。一五七四～七六年、八二～八六年の自筆原本が現存する。戦国時代末期の南九州の政治、社会の基本史料とされ、当時の上級武士の信仰や、狩りや酒宴などの日常生活、連歌や茶の湯、蹴鞠《けまり》、囲碁将棋といった多彩な文化活動も記録している。東京大学史料編纂所蔵。重要文化財。

「嗚呼《ああ》壮烈」と刻む碑が立つ標高二八一メートルの本丸跡からは、いにしえの大宰府政庁跡を麓に望めた。福岡県太宰府市の岩屋城跡。天正《てんしょう》一四年（一五八六）七月二七日の寅の刻（午前四時ごろ）、南九州の戦国大名・島津義久が派遣した数万といわれる大軍は、あのあたりから鬨《とき》の声をあげて、この山城を目指して押し寄せた。

城を守る高橋紹運《たかはしじょううん》は、豊後《ぶんご》（大分県）の大友宗麟《おおともそうりん》の部将。義久の筑前（福岡県北西部）攻略にあたり、除かねばならない最大の敵だった。島津の部将で宮崎城主、上井覚兼の日記は、戦国屈指の激戦といわれるこの城攻めの実像を伝えている。

覚兼が率いる日向《ひゅうが》（宮崎県）勢が担当した攻め口は、「取り添いの岸（崖）」と呼ばれた難所だった。崖を登って城内への突入を図る彼らを最も苦しめたのは、鉄砲でも弓矢でもなく「石打《いしうち》」、頭上からの投石だった。死者が続出し、負傷者は「書き載するに及びがたく候」。覚兼自身も石と鉄砲で負傷した。従者が掲げた旗印《はたじるし》は敵

総攻撃が始まったのとほぼ同じ時刻に、岩屋城の本丸跡に登った。眼下の街の明かりがかがり火を思わせた＝板山康成撮影

の長刀で、旗の半分が切り落とされた、ともある。

九州歴史資料館（福岡県小郡市《おごおり》）の岡寺良《おかでらりょう》学芸員の案内で、眺望が開けた本丸から木深い山中に入った。尾根筋に階段状に連なる平場は、兵が駐屯する曲輪《くるわ》の遺構という。周囲の谷との落差は二〇メートル以上はありそうだ。登山道の分岐点から東へ一〇〇メートルほど下って隣の尾根に向かうと、尾根や斜面を断ち切るように、至る所に溝状のくぼ地が見て取れた。「尾根や谷底からの進入を防ぐための空堀《からぼり》の跡。このあたりがひときわ厳重に守られていたことがわかります」と岡寺さんは言う。

攻め口「取り添いの岸」について岡寺さんは、「岸高く候て大事の所」とある日記の記述から、この尾根筋である可能性を指摘する。近くには岩屋の名の由来とみられる巨岩が露出しており、あたりに自然石がごろごろ転がっていた。「石打」に適した場所でもあったのだ。

戦いは午未《うまひつじ》の刻（正午～午後二時ごろ）に終わった。「ことごとく城内の敵討ち納められ候」。籠城側の全滅である。

紹運の壮烈な戦死は江戸時代、子孫が藩主となった筑後（福岡県南部）の柳川藩、三池藩によって顕彰された。

その影響を受けた軍記物はいずれも、紹運が島津側の投降勧告を拒絶して徹底抗戦したとするが、史実はやや異なるようだ。覚兼は総攻撃前日の二六日、紹運側が城を明け渡さないことを条件に、和睦交渉を持ちかけてきたと書いている。島津側はなぜこれを受けいれず強攻したのだろう。

ヒントは二五日の日記にある。この日、島津側は岩屋城に入ろうとした敵の「山くぐり」（密使）を討ち取り、中国地方の大名・毛利輝元《もうりてるもと》の家臣が紹運に宛てた書状を入手した。近々「京都・中国より」援軍が来るので城を固守せよとあり、京都の関白羽柴《はしば》（豊臣）秀吉《ひでよし》が大友氏側に加勢することが明らかになったのだ。紹運の和睦申し入れは、関白勢到着までの時間稼ぎにすぎない、と見破られていたのだ。

覚兼は同じ内容の書状が岩屋城陥落後、城内から押収されたとも書いている。戦国時代の熾烈《しれつ》なインテリジェンス（情報・諜報《ちょうほう》）の一端をうかがうことができる。

（池田和正／二〇一九年七月二日）

当時の遺構をとどめる山中。尾根の幅が狭くなっているところ（人が立っている先）が空堀の跡だ

アクセス

岩屋城跡（本丸跡）は西鉄太宰府駅から徒歩40分。大宰府政庁跡から九州自然歩道を登るルートもある。

◆『上井覚兼日記』とその時代

1559年	大友宗麟、室町幕府の九州探題となる
1573年	室町幕府滅亡
1577年	島津義久、南九州（薩摩、大隅、日向南部）を統一
1578年	島津勢、日向北部で大友勢に大勝（耳川の戦い）
1582年	本能寺の変
1584年	島津勢、肥前で龍造寺隆信を討つ（沖田畷《おきたなわて》の戦い）
1585年	羽柴秀吉、九州停戦令を出す
1586年	岩屋城の戦い
1587年	秀吉の九州出兵、義久降伏
1590年	秀吉の天下統一

◆解く　島津の出兵　秀吉の停戦令を軽視

新名一仁《にいなかずひと》　志學館大学非常勤講師

関白羽柴秀吉は天正一三年（一五八五）、島津義久と大友義統《おおともよしむね》（宗麟嫡男）にそれぞれ停戦命令を出し、従わない場合は必ず成敗すると通告していた。

上井覚兼は、これを受けて翌年正月以降、鹿児島で繰り返された談合（重臣会議）の内容を記録している。「羽柴は由来なき仁と世上言われており関白とは笑止」という発言があるなど、重臣たちは秀吉を軽視していた。六月には秀吉の国分け（領土配分）案も黙殺して、大友氏の本国・豊後を攻めると結論している。

ところが太守義久は、秀吉に島津攻めの大義を与える豊後出兵は避けたかったようで、談合で豊後と決まった出兵先を急遽《きゅうきょ》筑前に変更した。これに不満をもった覚兼はなお豊後出兵にこだわった結果遅参し、義久に叱責《しっせき》されている。岩屋城攻めで日向勢が難所を割り当てられたのは、遅参に対するペナルティーという側面もあったとみられる。

義久は筑前出兵は停戦命令に違反していないという理解だったが、岩屋城で見つかった書状は、そんな楽観的な見通しを打ち砕いた。秀吉は圧倒的な兵力で九州に上陸し、義久を降伏させた。『覚兼日記』は戦国島津氏の強さとともに、家中の路線対立や意思決定の遅さなどの限界も伝えている。（二〇一九年七月二日）

真田昌幸の策　徳川を翻弄

38　三河物語　長野県上田市　上田城跡

真田《さなだ》昌幸《まさゆき》と聞くと、つい、ニヤリとする人もいるだろう。小領主ながら徳川や上杉、北条ら大勢力と渡り合った食えない男として、歴史ファンの心を常にくすぐってきた。NHK大河ドラマ「真田丸」（二〇一六年）での草刈正雄さんの怪演も記憶に新しい。

長野県上田市の上田城は、対上杉の前線基地として徳川の金で築かれた。だが城主昌幸が上杉に寝返り、反徳川の城に。怒りの徳川家康が大軍で攻め、昌幸が寡兵で二度にわたって撃退する――その舞台だ。

城の南側は、高さ約一五メートルの切り立った石垣だ。かつての千曲川の河岸段丘を利用しており、防御的に抜群の立地とわかる。

第一次合戦は天正《てんしょう》一三年（一五八五）、鳥居彦右衛門（元忠《もとただ》）らの率いる徳川軍が七〇〇〇余で二〇〇〇弱の真田を攻めたとされる。『三河物語』を記した徳川の家臣、大久保彦左衛門も出陣し二の丸に迫るが、城内からの一斉射撃で混乱。ある部隊長は「西も東も知らない経

> 火攻めにすればでることのできなかった敵が、火を放たなかったので、城からあとを追ってでてきた。（中略）鳥居《とりい》彦《ひこ》右《え》衛門尉《もんのじょう》の配下の者たちは、一段と高いところへ引きあげたが、戸石《といし》の城（上田市）から兵がでて追撃した。はげしく追走されたので、どうにもならなくなった。（中略）それ以後は総崩れとなり、諸部隊の人びとが、四、五町逃げるうちに、三百余人が殺された。
>
> 『現代語訳　三河物語』（小林賢章訳、ちくま学芸文庫）より

三河物語《みかわものがたり》　江戸前期に書かれた自叙伝。筆者は大久保《おおくぼ》彦左衛門《ひこざえもん》（一五六〇～一六三九年）。三河国（愛知県）の大久保家の八男に生まれ、徳川《とくがわ》の譜代として家康《いえやす》、秀《ひで》忠《ただ》、家光《いえみつ》の三代に仕えた。六〇歳を過ぎた元和《げんな》八年（一六二二）頃から『三河物語』の執筆を始めたとされ、徳川氏代々の事績、天下統一に至る歴史と、大久保一族の功績、自己の体験と子孫への教戒を覚書風に記した。

上田城跡の本丸東には江戸時代の櫓と復元された櫓門が並ぶ。南側（左）との高低差が攻めにくさをうかがわせる（小型無人機から）＝鈴木竜三撮影

験のすくない者をよこしたので、あわてふためいて、命令をくだしても耳に入らず、よそ目にもこっけいにあわててしまい、よけいに命令通り動かない」と嘆き、討ち死にした。伏兵にも遭い、城の東約三キロの神川《かんがわ》まで敗走する。彦左衛門の兄は応戦しない仲間を「下戸《げこ》に酒をしいるようだ。役に立たぬ。日ごろの料簡《りょうけん》のままだ」と憤慨している。溺死も相次ぎ、徳川軍は見事に昌幸の「策」に敗れた。

一五年後の第二次合戦では、関ヶ原へ向かう途上の徳川秀忠軍三万八〇〇〇を足止め。秀忠は大一番に遅参した。

硝煙がくすぶったであろう二の丸から、土塁と堀が囲む本丸跡に向かった。二つの櫓《やぐら》に挟まれた立派な東虎口《ひがしこぐち》櫓門から中に入ると真田神社があり、参拝者が並んでいた。「真田石」や「真田井戸」もある。だが、上田市立博物館の滝澤正幸《たきざわまさゆき》館長は「櫓も櫓門も土塁も堀もすべて昌幸より後世のもの」と明かす。

二度の屈辱を受け、徳川幕府は関ヶ原合戦後に城を接収し、徹底的に破壊し、堀まで埋めたからだ。徳川臣下となった長男・真田信之《のぶゆき》も後に城主になったが中心部は再建せず、再整備はその次の城主になってから。

「史料もなく、昌幸の時代にどんな建物があったのか、本丸の門の位置も定かではないんです」

昌幸の城をかすかに想像させるのが、城内で発掘された金箔《きんぱく》を貼った六点の瓦片だ。織田信長《おだのぶなが》一門が城に使った金箔瓦も、豊臣秀吉《とよとみひでよし》の頃には広く用いられるようになり、県内の松本城や小諸城でも金箔瓦が見つかっている。

「昌幸は第一次合戦後に秀吉に臣従した。当時、上田城にも金箔瓦を載せた建物が築かれたのでは」と市教育委員会の和根崎剛《わねざきつよし》さん。鯱瓦《しゃちがわら》も出土しており、天守があった可能性もある。彦左衛門は、第二次合戦を指揮した本多正信《ほんだまさのぶ》を、「考えがおよぶのは、はやぶさの使い方まで」と酷評したが、一〇倍を超す敵を翻弄《ほんろう》できたのは昌幸の「策」に加え、「事前準備」があったからではないか。

縄張《なわばり》（配置）以外、城内で真田の名残とされるのは、本丸土塁の北東部分をへこませた鬼門よけの「隅おとし」のみとか。真田ファンにはいささか寂しいが、徹底的に徳川を怒らせた結果と考えれば、それも昌幸らしい。

（辻本芳孝／二〇一九年二月五日）

真田氏の紋「六文銭」をあしらった絵馬。"落ちない城"だけに受験生に人気だ（城内の真田神社で）

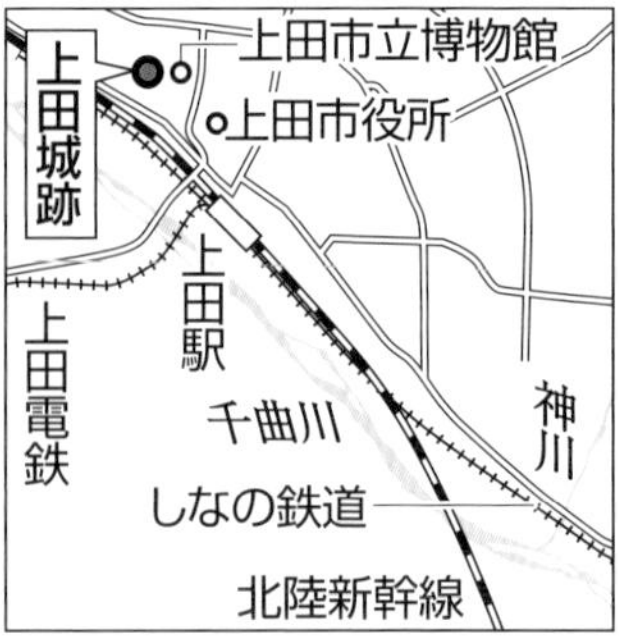

アクセス

東京駅から北陸新幹線で上田駅まで約１時間半。駅前から徒歩約15分。

◆『三河物語』とその時代

1560年	桶狭間の戦い。大久保彦左衛門誕生
1575年	長篠合戦。彦左衛門、徳川家康に仕える
1582年	本能寺の変
1585年	第一次上田合戦
1592年	文禄の役始まる
1600年	第二次上田合戦。関ヶ原合戦
1605年	家康、秀忠に将軍職を譲る
1615年	大坂夏の陣。豊臣氏滅ぶ
1616年	家康没
1623年	秀忠、家光に将軍職を譲る
1637年	島原・天草一揆
1639年	彦左衛門没

◆解く　大久保彦左衛門　譜代の誇り

中澤克昭《なかざわかつあさ》　上智大学教授

第一次上田合戦の戦闘の経過を記した史料は徳川方の『三河物語』と室賀満俊《むろがみつとし》の覚書しかありません。このほか、真田に援軍を送った上杉方のものと考えられる絵図に、真田側の作戦が書き込まれています。

『三河物語』からは、大勢力の徳川軍が敗れた理由の一つは、軍の統制の問題だったことがわかります。軽視したのか徳川軍の多くは甲州勢や信州勢などの寄せ集め。上田城に迫ったのに作戦が徹底できずに逆襲され、三〇〇人以上が討たれました。各部隊が独自に状況判断して連携が取れていなかったのです。

昌幸は運もよかった。翌日の攻防では、徳川軍が押し返し、昌幸、信之父子が足軽に交じって戦うほどでした。でもここでも徳川軍の作戦は、内部の意見不一致のため不首尾に終わります。しかもまもなく本領で重臣が出奔し、徳川軍は撤退します。徳川軍が粘れば勝てていたかもしれません。

彦左衛門は江戸時代、弱い者に味方して上に諫言《かんげん》する人間味ある武将として語られました。『三河物語』を貫くのも譜代としての誇り。味方について批判的に書いているおかげで、実情がリアルに感じ取れるのです。（二〇一九年二月五日）

東国随一の都市に堅固な城

39 北条五代記　神奈川県小田原市　小田原城ほか

見しは昔、前《さきの》関白秀吉公、関東北条氏直退治として、天正十八年の春、西国《さいこく》勢を引卒し、東国へ発向し給ふ。氏直此《この》威にをそれ、関八州の軍兵小田原に籠城す。敵は勝つに乗《のり》て、城をとりまき、昼夜を分かず攻《せめ》たゝかふ。され共《ども》城中郭外堅固に有て、落《おとす》べきてだてなし。此城東西へ五十町、南北へ七十町、めぐり五里の大城也。惣構《そうがま》へに堀をほり、土居石垣の上に井楼《せいろう》矢倉隙もなし。

『北条史料集』（萩原龍夫校注、人物往来社）所収の『北条五代記』より

北条五代記《ほうじょうごだいき》　北条氏が早雲《そううん》、氏綱《うじつな》、氏康《うじやす》、氏政《うじまさ》、氏直《うじなお》の五代にわたって権勢を誇った時代の逸話をまとめた江戸時代の書物。北条氏の家臣だった三浦浄心《みうらじょうしん》（一五六五～一六四四年）が著した『慶長見聞集《けいちょうけんもんしゅう》』から、北条氏関係の項目を抜き出して成立したとされる。北条氏が関東で勢力を広げる過程が記されているほか、領内の暮らしぶりに関する記述も多い。

一五九〇年に小田原を包囲した豊臣秀吉《とよとみひでよし》が築いた石垣《いしがき》山城《やまじょう》は、本丸が標高二五七メートル。城跡の展望台から、青い弧を描く相模湾と小田原の町が一望できる。陽光に小田原城天守閣が白く輝いていた。もちろん籠城戦の当時、現在の鉄筋コンクリート造りの天守も、モデルとなった江戸時代の天守もなかった。ただ、『北条五代記』が記す通り、堅固さを誇った城だったことは、最近の発掘調査で徐々にわかってきている。

町中で「小田原開府五百年」と書いたポスターを見かけた。初代北条早雲（伊勢宗瑞《いせそうずい》）は、大森氏から小田原を奪ったが、居城は伊豆の韮山《にらやま》から動かさなかった。二代氏綱が家督を継ぎ、本拠が小田原に移ったのが一五一八年とされ、今年（二〇一八）で五〇〇年。小田原城天守閣では特別展が開かれ、螺鈿《らでん》の唐草文が見事な氏綱の銘がある鞍《くら》や、出土陶磁器、絵図などが並んだ。

小田原は関東の雄、北条氏の本拠にふさわしく、豊かな町だった。『五代記』は「通町、見世《みせ》棚の軒をそろへ、

相模湾を望む小田原城。戦国時代は関東の中心都市として繁栄を誇った（小型無人機から）＝鈴木竜三撮影

板びさしをかけたり」と、街道沿いの景観が、京都を意識して整えられたことを伝えている。北条氏の領国経営は、印判《いんばん》の「禄寿応穏《ろくじゅおうおん》」（民の財産や命がまさに穏やかなるべし）の文字が示すように民政重視だった。

戦国城下町の面影を伝える場所は、今ほとんどない。同天守閣の諏訪間《すわま》順《じゅん》館長は、「江戸時代、一六三三年の寛永《かんえい》小田原地震で大きな被害を受けた後、復興の際に東海道が付け替えられ、町の様子が大きく変わったのです」と惜しむ。

北条時代をしのべる場所を探した。城跡から一・二キロ北の住宅地。丘陵の斜面に、土塁と、外側にめぐる堀の痕跡が残っていた。「城下張《しろしたはり》出《だし》」と呼ばれ、秀吉との緊張の高まりを受け、城下を約九キロにわたって囲んだ防衛線「総《そう》構《がまえ》」の一部だ。堀幅は底部で四～六メートル、堀底から土塁の上まで一〇～一五メートルほど。『五代記』が伝える「めぐり五里（約二〇キロ）」はやや大げさだが、「当時は関東ローム層の赤土がむき出しですから、ぬれるとツルツルで、

小田原城の本丸につながる八幡山丘陵の尾根を分断して掘られた小峯御鐘ノ台大堀切東堀

まず上れません」と諏訪間さん。

総構は、現在も堀底が畑になるなど地形が残る場所も多く、歩けばかなりの部分で痕跡をたどれる。丘陵の尾根を堀で断ち、尾根づたいの侵入を防いだ「堀切《ほりきり》」も残っている。小峯《こみね》御鐘《おかね》ノ台《のだい》大堀切東堀は、深いV字の堀が約二八〇メートルにわたって続く。

近年の地道な発掘で、北条時代の小田原が少しずつ明らかになっている。城内の庭園は、池の護岸に方形の切石を組み合わせ、タイル貼りのような景観を演出していた。城下町の道路や屋敷地は、寛永地震以降と違って、東西南北の正方位を基本に計画されたようだ。まるで京の「碁盤の目」。諏訪間さんは「戦国時代の関東は田舎と言われた中、小田原には訪れる人が驚く町があった。人と物が集まる東国随一の都市だったのです」と言う。

籠城の末、秀吉に屈し、城を開いた氏政は切腹、氏直は高野山に追放された。繁栄は江戸に移った。それでも今なお、町に気品が漂うのは、よき時代の記憶が土地に刻まれているからかもしれない。

（清岡央／二〇一八年一一月四日）

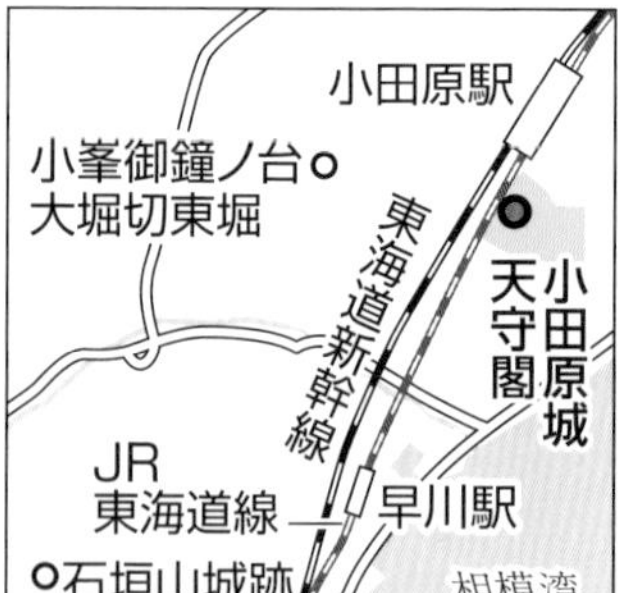

アクセス

小田原駅から、小田原城天守閣は徒歩約10分、城下張出は同約15分、小峯御鐘ノ台大堀切東堀は同約25分。石垣山城跡は早川駅から同約50分。

◆『北条五代記』とその時代

1493年	早雲が伊豆に侵攻
1516年	早雲が相模国平定
1518年	氏綱が家督を継ぎ、本拠が小田原に移ったとされる
1523年	氏綱が「伊勢」から「北条」に改姓
1543年	鉄砲伝来
1561年	上杉謙信が小田原城を攻め、氏政が籠城戦で撃退
1569年	武田信玄が小田原城を攻め、氏政が籠城戦で撃退
1582年	本能寺の変
1590年	豊臣秀吉が小田原城を包囲の末に開城させる

◆解く　優れた統治下の繁栄を伝える

小和田哲男《おわだてつお》　静岡大学名誉教授

「北条五代記」はよく「軍記物」と言われるが、少し違うと思います。五代に関わる大きな合戦はほぼ書かれていますが、市井の出来事の記述も多い。戦国時代の社会生活が垣間見えるのです。

北条氏の元家臣が書いたので、主君のベタぼめや針小棒大な記述もありますが、他の古文書や考古学の成果などで裏付けが取れれば、研究に使える史料と言えます。例えば、早雲が年貢を「五公五民」から「四公六民」にしたと書かれ、これは研究で事実と裏付けられています。一方で、早雲が伊豆一国を三〇日で攻略したという記述は、検証してみるとやはり四、五年はかかったようです。「百姓けなげをはたらく事」と、農民が合戦で戦う様子も描かれ、兵農未分離だった時代の戦《いくさ》がよくわかります。

領国経営の面では、公正な訴訟を重視したり、升の大きさを統一したりと統治が優れていた様子を伝えています。北条は、関八州（関東の八か国）を一つの国家と位置づけていたと考えられます。秀吉に敗れましたが、北条領国は文化が繁栄し、経済も順調で、領民も比較的飢えずに暮らした、戦国時代ではまれな地域と言えます。

（二〇一八年一二月四日）

大名の苦労　巨石が記憶

40 徳川実紀

静岡県伊東市、熱海市　石丁場跡

> 江戸城築城の材料として、一〇万石につき、人夫一〇〇人で運ぶべき石を一一二〇個ずつと定めて、（徳川家に）差し出すべきことを命じられた。その費用として、金一九二枚を与えられた。船の数は三八五艘《そう》と聞いている。これにより大石を運送する者達《たち》は、池田宰相輝政《いけださいしょうてるまさ》、福島左衛門大夫正則《ふくしまさえもんだゆうまさのり》、加藤《かとう》肥後守清正《ひごのかみきよまさ》、毛利藤七郎秀就《もうりとうしちろうひでなり》、（後略）
>
> 『現代語訳　徳川実紀　家康公伝2　徳川開府』（大石学ほか編、吉川弘文館）より

徳川実紀《とくがわじっき》　江戸時代後期に編纂《へんさん》された幕府公式の歴史書。初代徳川家康《とくがわいえやす》から一〇代家治《いえはる》まで将軍ごとの事績がまとめられている。編纂作業は大学頭《だいがくのかみ》・林述斎《はやしじゅっさい》が統括し、奥儒者・成島司直《なるしまもとなお》が編纂の中心になって、幕府の日記や各大名家の日記など様々な文献を基に、日本や中国の古代の歴史書の体裁を参考にして書かれた。

徳川家康は慶長《けいちょう》八年（一六〇三）に江戸幕府を開くと、さっそく翌年、大名たちに江戸城修築に使う石と、石を運ぶ船の調達を命じた。戦国時代は北条氏の支城だった土の城を、巨大近世城郭に変貌《へんぼう》させるためだ。

江戸は石を産しない。伊豆半島から船で運んだ。標準的な石材は、表面の縦横が約六〇センチ、奥行き一メートル前後、重さ約八四〇キロの安山岩《あんざんがん》。江戸城全体で一〇〇万個近く使われたとされる。『徳川実紀』の慶長一一年（一六〇六）の記述には、大名たちが家臣を伊豆に派遣して石材を採らせ、「三千余艘《そう》にのせて江戸に運送す」とある。こうした「天下普請」は、三代家光《いえみつ》の時代まで続いた。

静岡県伊東市。釣り船が浮かぶ群青の相模湾はのどかで、四〇〇年前に巨石を積んだ船団が往来した光景は、ちょっと想像が難しい。

同市富戸《ふと》の海岸に、「元船石《もとふないし》」と呼ばれる高さ約四メートルの巨岩がある。海の向こうの伊豆大島を見つめる

夜明け間際の海岸の築城石。地元で「元船石」と呼ばれ、３分の１は割り取られて江戸に運ばれたと言われる。上部には石を割るための四角い「矢穴」が並ぶ（伊東市富戸で）＝鈴木竜三撮影

ようなたたずまいだ。表面にミシン目のように並ぶ四角い穴は、石を割るためにうがたれた「矢穴」だ。東伊豆の海岸には、自然石を四角く割り取る途中で放棄された石が、あちこちに残されている。

「富戸のあたりの安山岩は、約一〇万年前の火山噴火でできた石で、白っぽいのが特徴。江戸城の石垣でも、特に見栄えを重視する箇所に使われたようです」と、同市教育委員会の金子浩之《かねこひろゆき》主幹が教えてくれた。近くの石には「一」と「〇」を組み合わせた印が刻まれていた。「毛利家の旗印を簡略化したと言われます。大名たちは割り当てられた石を確保するため、ひしめき合うように石を採る丁場《ちょうば》を確保したのです」

海岸の「磯丁場」だけでなく、山中にも石丁場は多い。同県熱海市の中張窪《なかばりくぼ》石丁場もその一つだ。険しい斜面に、矢穴の残る石がごろごろ。文字を刻んだ巨石もある。「是《これ》ヨリにし　有馬玄蕃《ありまげんば》石場　慶長十六年　七月廿一《にじゅういち》日」――この石より西は福知山藩主有馬豊氏《とようじ》の石丁場、と告げて

江戸城石垣の採石範囲を示す銘文が刻まれた「有馬玄蕃石場の標識石」（熱海市下多賀の中張窪石丁場で）

いる。
「大名ごとの丁場割りを、くじで決めることもあったようです」と金子さん。文字や紋は「縄張り」だけでなく、江戸に運んだ後、誰の石かを示した。

海に出てからも楽ではない。慶長一一年五月二五日。『実紀』によると、京都でも洪水を引き起こした「大風雨」が、多くの石船を転覆させた。「豆州より運送の石をつみのせたる鍋島信濃守勝茂《なべしましなののかみかつしげ》船百廿艘、加藤左馬助嘉明《かとうさまのすけよしあき》が船四十六艘、黒田筑前守長政《くろだちくぜんのかみながまさ》が船三十艘くつがへり破損す」

伊豆石が使われたのは城だけではない。寺院の礎石、神社の鳥居、石段など、江戸の至る所で活躍した。大名屋敷の周囲では、素掘りの水路が城の普請を境に石敷きに変わった。江戸の町は、伊豆石で作られたのだ。

普請は江戸だけでなく、京都二条城、大坂城でも大名を動員して行われた。熊本藩主細川忠利《ほそかわただとし》は、書状でこう嘆息している。「兎角《とかく》日本之草臥《くたびれ》ハ止申《やみもうす》間敷《まじく》候《そうろう》」。くたびれ果てた、という偽らざる心境を、巨石が記憶しているように思えた。

（清岡央／二〇一九年五月七日）

アクセス
「富戸の築城石」へは、伊豆急行線富戸駅から徒歩約20分。「中張窪石丁場」へは、ＪＲ伊豆多賀駅から徒歩約50分。

◆『徳川実紀』とその時代

1590年　徳川家康が江戸に入る
1603年　家康が征夷大将軍に
1604年　家康が江戸城の改修を諸大名に指示
1605年　二代秀忠が将軍に
1623年　三代家光が将軍に
1783年　天明の飢饉のさなかに浅間山が噴火
1787年　松平定信が老中に。寛政改革を主導
1792年　ロシア使節ラクスマンが北海道・根室に来航
1801年　『徳川実紀』編纂が決定

◆解く　石高に応じて賦役　幕府継続の秘訣

大石学《おおいしまなぶ》　東京学芸大学特任教授

『徳川実紀』が編まれたのは、ロシアのラクスマンが来航したり、凶作や一揆があったりと幕府政治が揺らいだ時代で、編纂には幕府の正統性を再確認する狙いがありました。関ヶ原の戦いを「庚子《こうし》の乱」と記して石田三成《いしだみつなり》の「乱」と捉えるなど、徳川の歴史観で書かれています。ですが、用いた文献を明示し、相当吟味もされ、近世史の必須史料に違いありません。

江戸城普請が行われた時代で重要なのは、石高制が統治の基本に据えられたことです。米の生産高で全てを表し、石高に応じて負担を求めました。大規模な普請で〇〇〇石につき一人出させた労働者は「千石夫」と呼ばれ、『実紀』のあちこちに見えます。外様でも譜代でも統一基準で賦役を課し、石高を通じて将軍、幕府の統治を行き渡らせた。幕府が長続きした秘訣《ひけつ》です。江戸城普請は、それを目に見える形で行った事業でした。

天下普請は大名の力をそぐ狙いとされますが、それだけではない。江戸城は政庁。今で言う国会、霞が関です。公共の場だからこそ、国中の力を集めて作る、という意識を行き渡らせようとしたのだと考えています。（二〇一九年五月七日）

大坂夏の陣　敵将をたたえる家康

41　難波戦記　大阪府東大阪市　枚岡神社

　生駒山西麓に鎮座する枚岡《ひらおか》神社（大阪府東大阪市）は、神武《じんむ》天皇即位三年前の創建と伝わる。河内《かわち》国一之宮として長く崇敬を集めてきた。大坂夏の陣さなかの慶長二〇年（一六一五）五月六日夕、大御所・徳川家康の一行が枚岡神社を目指していた。近くの庄屋方を宿所とするためだ。到着直前、家康は豊臣方の武将の首実検に臨んだ。その中に、この日の戦いで討ち取られた、豊臣譜代の武将木村重成の首があった。不思議なことに、その首からは強い薫香がにおった。出陣にあたり、兜《かぶと》に香をたきしめていたとわかる。

　大坂の陣を描いた江戸時代の軍記『難波戦記』によると、気づいた家康は重成を「希代の勇士」とたたえ、「不便《ふびん》（かわいそう）」とも評した。近臣たちが「重成が死を覚悟していたとは思えない。証拠に月代《さかやき》が伸びている」と話すのを聞き、家康は「兜の緒を見よ」と命じた。緒は結び目のところで端を切り取っていた。生きて兜を脱ぐつもりがないという覚悟を示している、というのだ。

既に木村《きむら》長門守《ながとのかみ》重成《しげなり》討死《うちじに》しければ、残兵ども右往左往に遁《のが》れ散りにけり。木村、山口、内藤三大将の首を持たせて、平岡（枚岡）の一里ほど前にて進《まい》らせけるに、前将軍家康《いえやす》公御駕籠《おかご》を立てさせられて、首ども一々上覧ありけり。木村長門守が首甚だ薫《くん》じければ、若輩なりける木村が斯《かく》の如《ごと》きの行跡、希代の勇士なるを、不便《ふびん》なる次第かなと仰せられけり。

『通俗日本全史 第一一巻』（早稲田大学出版部）所収の『難波戦記』より

難波戦記《なにわせんき》　慶長《けいちょう》一六年（一六一一）三月の豊臣秀頼《とよとみひでより》の上洛《じょうらく》から始まり、同二〇年（一六一五）五月の大坂方の敗北まで、「大坂の陣」の原因や経過、結果を詳細に描いた軍記物語。京都所司代の板倉家に身を寄せていた万年頼方《まんねんよりかた》と下野《しもつけ》国壬生《みぶ》藩主阿部忠秋《あべただあき》の家臣、二階堂《にかいどう》行憲《ゆきのり》が共同で執筆した。成立年代は、一七世紀半ば頃とみられる。

枚岡神社南の梅林から夕日に染まる大阪平野を望む。今は大小のビル群の連なりが見えるばかりだ＝河村道浩撮影

これほどまで敵将を褒める家康は珍しい。

徹底して家康びいきの『難波戦記』だが、豊臣方の一部の武将には好意的だ。木村重成もその一人で、「其起居振舞《そのたちいふるまい》、頰魂《つらだましい》、眼指《まなざし》、天晴器量骨柄《あっぱれきりょうこつがら》、天性無双《てんせいぶそう》の勇士」と書く。重成の父親は豊臣秀次《ひでつぐ》の家老、木村重茲《しげこれ》とされる。重茲は謀反の疑いをかけられた秀次に連座して切腹するが、幼年の重成は助命され、その後豊臣秀頼に近侍した。

この日、早朝に大坂城を進発した重成隊は、長宗《ちょうそ》我部《かべ》盛親《もりちか》隊とともに、藤堂高虎《とうどうたかとら》隊と激突、潰走させたが、その後、井伊直孝《いいなおたか》隊と「若江の戦い」で激戦を展開して敗れた。『難波戦記』によると、重成は退却を勧める部下の言葉には耳を貸さず、「駆け入り〱戦《たたこ》うて、終《つい》に討死《うちじに》してければ、首をば井伊直孝が郎等安藤長三郎取りたりけり」と描く。

枚岡神社を歩いてみた。境内からは木々が遮るが、南側の梅林に出ると一気に視界が開け、眼下に広々とした大阪平野が広がる。案内してくれた山根眞人《やまねまさと》禰宜《ねぎ》は「梅林はかつて神宮寺があった場所。ここから冬の晴れた日には、はるかに明石海峡まで見通せます」と話す。

今は高層ビルやマンションが立ち並ぶが、夏の陣の際、家康の目には、堀を埋められ裸同然となりながらも、そびえたつ大坂城がくっきりと見えただろう。城は翌七日、灰燼《かいじん》に帰した。そのことも家康は予測できていたはずだ。だからこそ、孫のような若武者の重成の首と対面した時、世の無常を感じ、思わず、「ふびん」という言葉が出たのではないか。この時、家康は七三歳。重成は二三歳と伝わる。

「あげまき結び」のしめ縄がある枚岡神社

重成の石碑が大阪府八尾《やお》市にある。江戸時代の末、塚に願いをかければ、どんなことでも一つはかなうという噂《うわさ》が広まった。参詣者が後を絶たず、あまりの騒々しさに奉行所が差し止めたという。
血なまぐさい戦場に咲いた一輪の花。家康も、名もなき庶民たちも、重成の生き様をそんなふうに感じたのかもしれない。
（滝北岳／二〇一九年一二月一七日）

アクセス
枚岡神社は近鉄枚岡駅から東へ徒歩すぐ。12月23日には、「お笑い神事」とも呼ばれる「注《し》連《め》縄掛《かけ》神事」があり、大笑い競べや演芸が行われる。

◆『難波戦記』とその時代

1611年	豊臣秀頼上洛し、二条城で徳川家康と会見
1614年	方広寺鐘銘事件
	大坂冬の陣始まる
	鴫野《しぎの》・今福《いまふく》の戦い。木村重成の初陣
	和睦。大坂城の堀が埋め立てられる
1615年	大坂夏の陣始まる
	若江の戦いで重成討ち死に
	大坂城落城。豊臣秀頼、淀殿自害。夏の陣終わる

◆解く　徳川礼賛「大坂の陣」初の全容記録

高橋圭一《たかはしけいいち》　大阪大谷大学教授

近世文学に「実録」というジャンルがあります。今で言えば、時代小説に近いでしょうか。『難波《なにわ》戦記』は軍記であると同時に、実録でもあると考えています。成立が一七世紀半ばとかなり早く、様々な資料にあたっていることから、史料的価値は高い。何より、「大坂の陣」を最初から最後まで通して詳述した書物は、これが最初です。作者の万年頼方や二階堂行憲は兵学者のさきがけのような人で、実際に後に、『難波戦記』が兵学の教科書として使われています。

特徴としては、徳川礼賛の傾向が強い。特に家康については絶賛しているといってよい。一方、豊臣方の武将の多くを無能としながらも、真田幸村《さなだゆきむら》や木村重成に対してはかなり好意的に書いています。江戸時代を通じ、木村重成の人気が高かったのはこの本の影響もあるかもしれません。

江戸時代には、この『難波戦記』をもとに、様々な実録が作られました。その中でも『厭蝕太平楽記《えんしょくたいへいらくき》』という本は徹底的に豊臣方に肩入れした内容です。それが後に講談の「難波《なんば》戦記」につながっていったと考えています。

（二〇一九年一二月一七日）

42 オランダ商館長日記　長崎県南島原市　原城跡

一揆勢の士気を下げた砲撃

殿下（幕府側の武将、戸田氏鉄《とだうじかね》）は農民たちの陣営の図面すなわち絵図を示して、こう訊《たず》ねた。すなわち、東にせよ西にせよ海上から最大の損害を与えることができるのはどこからか、だが、幾つか弾丸が飛んで来ても皇帝の陣地（幕府側の陣地）に、もしくは若干の大官たちのところに何等の危害を与えないよう注意深く撃たなくてはならない、と。

『日本関係海外史料　オランダ商館長日記　訳文編之三（上）』（東京大学史料編纂所編、東京大学出版会）より

オランダ商館長日記《しょうかんちょうにっき》　江戸時代、平戸、長崎にあったオランダ商館の歴代館長が記した公務日誌。七代平戸商館長の一六三三年九月六日付日記から、最後の商館長の一八六〇年二月二八日付日記まである。日蘭交渉の根本史料で、鎖国政策に果たしたオランダの役割など当時の国内政治や経済、オランダ人の日常生活を克明に記している。

籠城作戦は、援軍の有無がカギとなる。一六三八年初頭、廃城だった原城に入ったキリシタンら一揆勢は、背後の海からポルトガル船が参戦することをひそかに期待した。だが現れたのはオランダ船。しかも大砲の照準は、数倍いる幕府軍でなく、自分たちに向けられた――。

島原・天草一揆の記録は大半が幕府側のもの。ただ、城から放たれたとされる矢文があり、そこには悪政をした領主への恨みと、「来月末には異国から大船が多く加勢に来る」という期待が記されていた。「異国」は、キリスト教の熱心な布教を続けたポルトガル。オランダには敵国だ。

原城は海に突き出た標高約三〇メートルの断崖に築かれ、石垣に囲まれた本丸から、三の丸まである。本丸の正門跡を歩いた。ここでは一九九二年に始まった発掘調査で、落城時に惨殺された老若男女の骨がゴロゴロ出た。南島原市教育委員会文化財課の松本慎二《まつもとしんじ》課長は「〝復活〟を恐れて五体を切り離したとの見方もある」と語る。銃

島原湾に面し、今は緑に覆われる原城跡（左）。一揆の相談をしたとされる湯島（右奥）が眺められる＝辻本芳孝撮影

弾を溶かして作った十字架なども発見された。

　すぐ先に、一揆が鎮圧された後、幕府軍が石垣を崩した跡がある。そこを上ると、本丸への最後の門の跡があり、その辺りで総大将天草《あまくさ》四《し》郎《ろう》が首をとられたという。最上部の広場から望む青い海は美しく、一揆のリーダーらが事前に作戦を練った〝談合島〟こと湯島が眺められた。

　戦いの素人の集団と見られた一揆勢だが、発掘調査の結果、住居跡に調理の跡がないことから、〝配給態勢を整備するなど籠城策は万全だったと推測される〟。籠城から一か月後、幕府の大将を討ち取り、士気が高まった。それからまもなくだ。平戸から来たオランダ商館の船が砲撃したのは。

　この海域は遠浅だが潮流は激しく、なかなか命中しなかったようだ。それでも、同じ西洋国の砲撃は、幕府の狙い通り、一揆勢の士気を一気に下げたはずだ。直後に、四郎が文書を出し、綱紀引き締めを図っている。

　オランダの参戦は、布教に関心がない点で優遇していた幕府に協力姿勢を見せる必要があったから。積極的ではなかった。その証拠に全船の出陣を幕府に求められると、一隻を急いで国外に出発させ、一隻だけで原城に向かっている。

商館長は約半月の参戦で部下一人は失ったが、砲撃を重ね、幕府から高く評価された。しかも平戸に戻るとすぐ、幕府の次の命令で江戸参府に向かうなど、徹底的に従順に振る舞った。原城は一六三八年四月一二日に落城、幕府側によると、約三万七〇〇〇人が皆殺しにされた。ポルトガル船は三九年に来航禁止となり、西洋国との貿易はオランダが一手に担うことになった。

とはいえ、商売に徹したオランダも、時代にはあらがえなかった。結局、「キリシタン」とされたからだ。平戸の商館の破壊を命じられ、ポルトガル人に代わって、外出も認められない長崎の出島に押し込まれる。西洋文化を伝え続けた「入り口」という華やかな印象とは裏腹に、「国立の牢獄」と自嘲した出島での生活は、その後二〇〇年以上続く。

（辻本芳孝／二〇一八年七月一七日）

落城後、幕府軍が石垣を壊した跡が見られる。この下からも人骨は見つかった

アクセス

長崎空港から島原港までバスで１時間40分～２時間。同港から「原城前」までバスで約１時間。

◆『オランダ商館長日記』とその時代

1543年	ポルトガル人、種子島に漂着
1549年	キリスト教伝来
1581年	オランダ、スペインから独立
1587年	豊臣秀吉、伴天連追放令発令
1602年	オランダ東インド会社設立
1603年	徳川家康、征夷大将軍になる
1612年	幕領に禁教令
1615年	大坂夏の陣、豊臣氏滅亡
1624年	スペイン船の来航禁止
1637年	島原・天草一揆
1639年	ポルトガル船の来航禁止
1641年	平戸のオランダ商館を長崎・出島に移す

◆解く　幕府との交渉など重要情報を記す

松井洋子　東京大学史料編纂所教授

オランダは一六〇九年に貿易船の派遣を許され、オランダ東インド会社の日本支店としてオランダ商館を平戸につくりました。本国からではなく、アジア本部のあるバタビア（現在のジャカルタ）から毎年、季節風で夏に日本に来て、冬に帰るサイクルで商船を出していました。

アジアの商館日記の中でも、日本のものは一番残りがいいとされています。当時、商館にひとそろいあり、バタビアに写しを送っていました。船は沈むし、拿《だ》捕《ほ》される可能性もあるので、一七世紀には複数作って違う船に載せ、どれかは届くようにしていました。

内容は、幕府側から何を言われ、どう反応したか、などです。既に得た許可なども重要な情報です。前の商館長が答えた内容に合っていないと疑いを招き、貿易が不許可になるかもしれない。個人的な気持ちを出す人もいましたが、商館長は実績にかかわるので失敗は書きたくない。その辺は割り引いて読む必要があります。

比較的自由に情報収集できた平戸から出島に移ると、情報の集め方は変わって通訳の役人を通さないといけない不自由な仕組みになり、遠慮します。日本人への不満も記され、面白いですよ。

（二〇一八年七月一七日）

鎖国時代　監視下の日蘭貿易

43 日本誌　長崎県長崎市　出島

> われわれオランダ人は、この牢屋《ろうや》同然のところに押し込められ、二重三重に各種の見張り役や同業仲間によって監視され、しかも、われわれを監視している連中は、いずれも宣誓してわれわれを見張っていながら、お互い同志は見張り役であることを知らず、見張り役が見張り役を見張るという実情なのである。
>
> 『［新版］改訂・増補 日本誌―日本の歴史と紀行―《第5分冊》』（今井正編訳、霞ヶ関出版）より

日本誌《にほんし》　出島のオランダ商館に勤務したエンゲルベルト・ケンペル（一六五一～一七一六年）の著書。遺稿が英訳され一七二七年、ロンドンで出版された。後にフランス語版、オランダ語版も。日本の歴史、政治、経済、社会、動植物などを記述。日本地図も含む多くの挿図を収録している。うち一章を一八〇一年、長崎の通詞《つうじ》、志筑忠雄《しづきただお》が「鎖国論」と題して翻訳したため、国を完全に閉ざしているという誤解も広まった。

鎖国の時代、日本滞在のオランダ人らは長崎港に浮かぶ扇形の人工島、出島に隔離された。オランダ商館が置かれ、そこに医師として二年勤務したケンペルは著書『日本誌』で、この土地の「長さは彎曲《わんきょく》に沿って中央部で二三六歩」「幅は八二歩」と報告している。

周囲を高い板塀で囲まれ、陸と結ぶただ一本の橋で番人が出入りを監視した。「門番は、毎日五人、貿易の季節には一〇人ないし一三人」。巡回の見張りもいて、十数人いた商館員は「本当の囚人の如《ごと》く」暮らした。

出島では日蘭貿易が行われ、長崎奉行所が管理した。年に数隻、オランダ船が運んできたのが生糸や毛織物、砂糖など。一方、日本の輸出品は銀や銅が中心だった。監視の対象は主に密貿易で、ケンペルが滞在したわずか二年の間に五〇人以上の抜け荷商人が死刑になったという。

商館員の一〇倍近い人数の、一二三人もいた通詞（通訳）については「われわれの貿易がかれらの出鱈目《でたらめ》な通

出島の復元事業では、江戸時代の絵図などに基づいて、和洋折衷の建物が作られている＝土屋功撮影

訳と相手を騙《だま》しても儲《もう》けようとする狡《ずる》い根性によって行なわれる仕組みになっている」と強い調子で非難している。

明治時代に出島は周囲が埋め立てられ、市街地にのみ込まれてしまう。しかし一九八四年から、長崎市が境界を確認する調査に着手し、出島をよみがえらせる事業を今も進めている。

明治の建物、旧出島神学校に置かれた市の出島復元整備室を訪ねた。島田《しまだ》清隆室長によれば「一九世紀初頭、シーボルトが来た時代の出島を目指している」という。島内にあった四九の建物のうち、木造二階建てのカピタン（商館長）部屋など、一六棟を復元。多くは一階が倉庫、二階が住まいという構造だ。

オランダ船が入港している二、三か月が忙しいだけで、後は暇だった商館員が度々催したという宴会の場も、テーブルの食器に料理のサンプルを盛るなどして再現している。

国内だけでなく、海外からの観光客も出入りする現在の出島だが、ケンペルら、商館員が出島の外に出ることを許されたのは年に二、三回。市内の諏訪神社の祭礼、長崎くんちは桟敷席で見物することが許された。

商館長は年に一回、奉行所の役人らに伴われて江戸へ赴き、将軍に拝謁、贈り物を献上し、貿易の礼を述べる習わしだった。この往復に書記一人か二人と医師が同行した。

ケンペルも二度、江戸を訪れ、旅で出会った「下は賤《いや》しい百姓から、上は高貴な方々に至るまで、その挙措はいずれも慇懃鄭重《いんぎんていちょう》であり、この国全体を高等行儀作法学校とでも呼びたいほど」《第6分冊》と絶賛した。江戸城では、好奇心旺盛な将軍、徳川綱吉《とくがわつなよし》に求められて踊ったり、恋歌を歌ったりしたと苦笑気味に書くケンペルだが、綱吉を啓蒙《けいもう》的な君主とみなし、治世を称賛している。

ケンペル帰国後、『日本誌』が刊行され、欧米では日本はあこがれの国になる。幕末、黒船で来航したペリーも『日本誌』を携えていた。

（森恭彦／二〇一八年一二月一一日）

今は周囲をビルに囲まれている出島だが、19世紀初頭の姿へと復元が進んでいる

アクセス

国指定史跡「出島和蘭商館跡」はＪＲ長崎駅から路面電車で約５分。中央・表門メインゲートのほかゲートが２か所。

◆『日本誌』とその時代

1634年	出島築造が始まる
1639年	「第五次鎖国令」。ポルトガル船の入港禁止
1641年	オランダ商館を平戸から出島に移す
1690年	ケンペル、出島に着任
1691年	ケンペル、商館長に同行して江戸参府、将軍徳川綱吉に拝謁。翌年も参府
1692年	ケンペル、離日
1801年	志筑忠雄が『日本誌』の一章を翻訳、「鎖国論」と題した
1853年	『日本誌』を携えペリー来航

◆解く「平和で豊か」欧州の日本観を確立

ヨーゼフ・クライナー　独・ボン大学名誉教授

『日本誌』はヨーロッパにおいて日本と日本人観を確立した書物です。礼儀正しくて勤勉、みな風呂に入り、清潔な国民だと。日本は元禄時代、将軍綱吉の治世で、徳川政権が最も繁栄した時代でした。それをケンペルは自分の目で見て、ヨーロッパに報告しました。

当時、ヨーロッパは戦争に明け暮れ、荒廃していたのです。ところが日本は国も社会も平和で、経済的にも豊か。東海道など、道路もよく整備されていた。ヨーロッパに比べ、日本はあらゆる面で上回っているとケンペルは考えました。ヨーロッパが優越感を持つのは少し後の時代です。

哲学者のカントもケンペルの見方に影響され、『永遠平和のために』というエッセイで、日本の鎖国政策を「賢明であった」と、高く評価しています。

ケンペルはドイツ人で、オランダ商館付きの内科医として来日しました。商館を設けたオランダ東インド会社職員は三分の一が外国人。最も多いのがドイツ人でした。

日本の民族学の草分けといわれる岡正雄《おかまさお》先生の下で学んだ私にとって、ケンペルは大先輩です。わずか二年の滞日で、よくこれほどの本が書けたものだと思います。

（二〇一八年一二月一一日）

村をのみ込んだ天明大噴火

44 浅間大変覚書　群馬県嬬恋村　鎌原観音堂ほか

同八日昼四ッ半時分少シ鳴音静になり、直《ただち》に熱湯一度に水勢百丈余り山より涌出《わきだ》シ、原一面に押出し、谷々・川々おつばらい、神社・仏各《（閣）》・民家・草木何によらず、たつた一押しにおつばらい、其跡ハ真黒になり、川筋村々七拾五ヶ村人馬不残《のこらず》流失、（後略）

『日本農書全集66 災害と復興1』（斎藤洋一ほか校注・執筆、農山漁村文化協会）所収の『浅間大変覚書』より

浅間大変覚書《あさまたいへんおぼえがき》　数多く残された天明《てんめい》の浅間山噴火の記録の中でも、噴火の経過を特に生々しく記述した文書。前年の前兆から、四月の噴火開始、七月の大被害を経て、復興の様子や食料難、流言飛語などについても記録している。書いたのが誰かは明らかではないが、現在の嬬恋《つまごい》村内にいた僧侶だと言われている。

浅間山（群馬県・長野県、二五六八メートル）が古来繰り返した噴火の中でも、江戸時代の天明三年（一七八三）に起きた「天明の浅間焼け」は被害甚大だった。『浅間大変覚書』が克明に伝えている。

旧暦の四月九日に小規模な爆発が始まり、五〜六月も続いて火山灰を降らせた。七月六日午後、激しい噴火が起き、「天も砕け地も裂けるか」と思わせた。翌日、音は「百倍」、地の揺れは「千倍」にもなったという。短い静寂を挟んで八日午前、「熱湯」が三〇〇メートルにわたって噴出。斜面を流れ下って神社、仏閣、民家、草木を押し流し、なぎ払う様子が「おつぱらい」と表現され、まがまがしい。

泥流が吾妻川《あがつまがわ》、利根川の流域をのみ込みながら下り、死者は一〇〇〇人を超えたという。最も被害が大きかった北麓の鎌原《かんばら》村（群馬県嬬恋村鎌原地区）は村ごとのまれ、村人五七〇人のうち、四七七人が犠牲になった。高台の観音堂に逃れた人々は、辛うじて助かった。

天明大噴火の溶岩流が生んだ奇景が、猛威を今に伝える（群馬県嬬恋村の「鬼押出し園」で）＝鈴木竜三撮影

どれだけの足に踏まれたか。すっかり角が丸くなった石段が、かやぶきの観音堂に向かって一五段。天明大噴火で埋まる前、一二〇段あったとも、一五〇段あったとも言われていた。それが五〇段だったとわかったのは、一九七九年の発掘調査によってだ。上り口で二人の遺体が見つかった。中年の女性が年配の女性を背負うような格好で、折り重なっていた。発掘を手がけた嬬恋郷土資料館名誉館長の松島榮治《まつしまえいじ》さんは、「まだ皮や肉が残っており、表情は悲しそうに見えました」と振り返る。

埋もれた村の発掘は、松島さんによれば「近世考古学、災害考古学の幕開け」だった。「文献や伝承だけではわからない事実を明らかにできた」。村をのみ込んだのは「熱泥流」と言われていたが、低温で乾燥した土石なだれだったこと。その堆積《たいせき》が六メートル前後に及ぶこと。ビードロ（ガラス）の鏡などが出土し、暮らしは豊かだったこと――。

鎌原の旧街道を歩く。道が緩やかに家並みの間を曲がり、信州へつながる街道の宿場として栄えた面影が残る。噴火以前の村が、足下の地中深くに眠っているとは想像が難しい。同館学芸員の樋美沙樹《といみさき》さんが家々の境界を指して言った。「生き残った村人は街道沿いの土地を、一〇間（約一八メートル）の間口で平等に分けたと言います。その地割りが今も続いています」

幕府から復興のため派遣された勘定吟味役の根岸鎮衛《ねぎしやすもり》が、随筆集『耳嚢《みみぶくろ》』（長谷川強校注、岩波文庫）に書き残している。「生残《いきのこ》りし九十三人は誠に骨肉の一族とおもふべし」と、それまでの家格にこだわらず、「親族の約諾をなしける」。夫を失った女性は妻を流された男性と再婚し、子を失った老人には親のない子を養わせ、残らず新たな家族として再出発した。

訪ねた日、浅間は穏やかだった。長い裾を引く雄大な山容は、祖先が眠る真上で復興した鎌原を、優しく見守るようだった。

（清岡央／二〇一九年一〇月一日）

天明大噴火で村で唯一残ったとされる鎌原観音堂

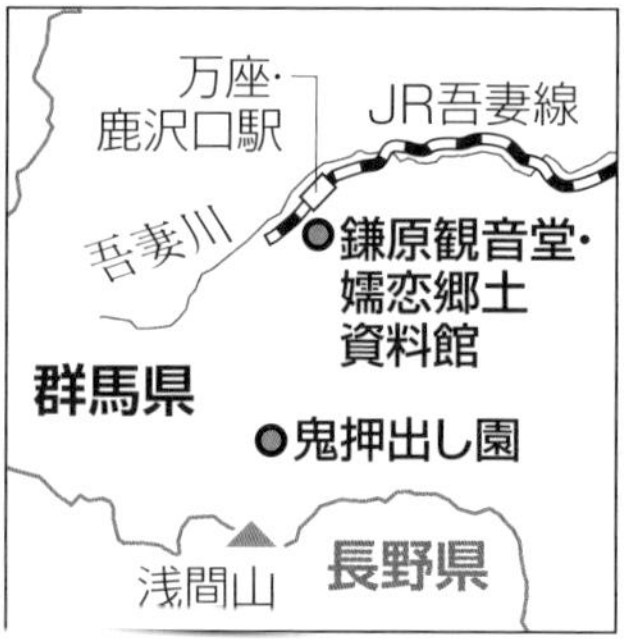

アクセス

鎌原観音堂、嬬恋郷土資料館へは、ＪＲ万座・鹿沢口駅からバスで「鎌原観音堂前」下車。

◆『浅間大変覚書』とその時代

- 1703年　関東で元禄地震
- 1707年　宝永地震と津波、富士山噴火が相次ぐ
- 1716年　徳川吉宗が享保の改革開始
- 1760年　徳川家治が江戸幕府一〇代将軍に（～86年）
- 1772年　江戸で明和の大火
- 1783年　浅間山が噴火
- 1787年　松平定信が老中に。寛政の改革開始
- 1792年　雲仙岳が噴火

◆解く　土地を分け合い、住民一丸の復興

渡辺尚志《わたなべたかし》　一橋大学教授

一八世紀後半は、寺子屋によって庶民の識字率が向上しました。そんな時代に起きた天明の浅間山噴火では、幕府などによる公的記録だけでなく庶民の手による記録が膨大に残されました。それらは現場での見聞に基づいたリアルな記述が特徴です。『浅間大変覚書』は典型的で、噴火時に山の麓から聞こえた「ひっしり、ひっしり」「わちわち」という音の表現は、体験した人だからこそ。噴火の始まりから被災者の行動、復興の様相まで記録され、高い史料価値があります。

鎌原村の復興が村ぐるみで行われた様子は、今でも我々の胸を打ちます。生き残った人々で家族の再生を図り、元の所有者と関係なく土地を分け合う。そういうことを、非常時に村人が話し合って合意しました。村だけでなく、近隣の有力農民もいち早く避難小屋を建てたり、食料を援助したりしました。災害復興には自助、共助、公助が必要ですが、江戸時代の公助は幕府によるもので現代より弱かった。それをカバーしたのが地域社会の共助でした。

今日の防災を考える上でも、体験者が残した史料から、災害に遭った人の行動や思いを押さえておくことは、非常に重要と言えます。　（二〇一九年一〇月一日）

科学の目を持った遊歴文人

45 菅江真澄遊覧記　青森県 青森市　三内丸山遺跡 つがる市　亀ヶ岡遺跡

天を突く六本の柱は、物見櫓《ものみやぐら》か、灯台か、それとも祈りの場だったたか。縄文最大級の木造構造物が、何のためのものか、今も諸説ある。直径一メートルもある栗の巨木は、森の恵みがいかに豊かだったかを伝える。

青森市の三内丸山《さんないまるやま》遺跡。今から約五五〇〇～四〇〇〇年前、縄文時代前・中期に繁栄した。一九九二年からの発掘調査で大集落跡が見つかり、縄文ブームの火付け役となった。その存在を、江戸時代に記していた文人がいた。三河（愛知県東部）の人、菅江真澄だ。

生涯を旅に暮らした真澄は、東北や北海道で、人々の暮らしぶりを日記、和歌、絵図に記録した。「いにしへ」への憧憬《しょうけい》も強く、各地で古社、旧跡を巡っている。江戸後期、各地の文化人の間で、歴史や古物への関心が高まり、好古家の興味は考古遺物にも及んでいた。

一七九六年の春、真澄は桜を見に三内の村を訪ね、土器や土偶《どぐう》が出土しているのを目にした。真澄が残した絵図は、現代の考古学者が見れば、一目で型式を特定でき

この村の古い堰《せき》の崩れたところから、縄形、布形の古い瓦（縄文土器）、あるいは、かめのこわれたような形をしたものを発掘したといってあるのを見た。陶作《すえつくり》がここに住んでいたのであろうと言っている。また、人の頭、仮面などのかたちをした出土品もあり、また頸鎧《みかべのよろい》に似たものもあった。

『菅江真澄遊覧記3』（内田武志・宮本常一編訳、平凡社ライブラリー）より

菅江真澄遊覧記《すがえますみゆうらんき》　江戸時代後期の旅行家で国学者でもあった、菅江真澄が残した膨大な旅日記の総称。東北や北海道を歩いて各地の民俗、伝承、景観、旧跡などについて、絵図や和歌を交えて詳しく記録した。多くは秋田藩校・明徳館に献納された。民俗学者の内田武《うちだたけ》志《し》、宮本常一《みやもとつねいち》が主な日記を選び、現代語訳したものが平凡社東洋文庫、平凡社ライブラリーに収められている。

るほど精緻《せいち》だ。

遺跡の横にある展示施設に、絵図そっくりの土器がある。「円筒上層c式。今から約四六〇〇年前の前後の土器です。縁に粘土ひもで飾りを施し、棒状の道具などで突いて文様を付けています」。青森県文化財保護課の岩《いわ》田安之《たやすゆき》主査が教えてくれた。真澄がこの土器を、『日本書紀』に記された古墳時代の埴輪《はにわ》だと考えたのは、当時としての限界と言っていい。

考古学の先人として真澄の非凡さを伝える遺跡は、津軽半島にある。亀《かめ》ヶ《が》岡《おか》遺跡（つがる市）は、三内丸山から下ること約二〇〇〇年、縄文晩期の遺跡だ。重要文化財の遮光器《しゃこうき》土偶が発見されて名高い。ここで出土する土器は、精妙に丸みが作られ、繊細な模様があり、赤漆で塗ったものも多い。「亀ヶ岡式」と呼ばれ、亀ヶ岡文化圏は、北海道南部から福島、新潟にまで広がる。

江戸時代にも好古家には知られていた。土器が出るので「ふるく瓶《かめ》が岡《おか》の名があった」と真澄は書き留め、亀ヶ岡式土器の絵図も残

復元され、空に向かってそびえる三内丸山遺跡の大型掘立柱建物。下には、遅咲きのタンポポがひっそりと咲いていた（青森市で）—鈴木竜二撮影

した。注記して、地元民は大陸の「高麗人《こま》」が作ったと言っているが、アイヌの祖先が作ったものだろう、と推察している。似た土器が北海道で出土するのを知っていたからだ。

　アイヌが和人社会に取り込まれつつあった時代だ。弘前大学の関根《せきね》達人《たつひと》教授（考古学）は、「アイヌの祖先が立派な土器を作れるはずない、という当時の一般的な考えにとらわれず、同じ形の土器は同じ文化の人々が作った、という科学的な目を持っていたことこそ、真澄の真骨頂だ」と語る。

遮光器土偶のモニュメントが立つ亀ヶ岡遺跡（つがる市で）

　陸奥湾沿岸は古来、国土の果て、という意味で、「外ヶ浜」と呼ばれた。その土の下には、豊かな歴史が眠っていることを、遊歴文人の目は鋭敏に感じ取っていた。

（清岡央／二〇一八年六月五日）

追記　「北海道・北東北の縄文遺跡群」は二〇二一年七月二七日、ユネスコ世界遺産委員会で世界遺産への登録が決定された。

アクセス

三内丸山遺跡はＪＲ新青森駅から車で約10分。亀ヶ岡遺跡はＪＲ木造駅から車で約20分。

◆『菅江真澄遊覧記』とその時代

1783年	真澄、故郷を旅立つ
1788年	真澄、北海道に渡る
1789年	国後島・知床半島でアイヌ蜂起
1791年	林子平『海国兵談』出版
1792年	ロシア使節ラクスマンが北海道・根室に来航
1808年	間宮林蔵が樺太を探査
1821年	伊能忠敬の「大日本沿海輿地全図」が完成
1825年	異国船打払令
1828年	シーボルト事件

◆解く　北方と中央の文化が重なる地

菊池《きくち》勇夫《いさお》　宮城学院女子大学名誉教授

秋田市にある菅江真澄の墓碑には、「文政十二年（一八二九）」に七六歳か七七歳で死去したと刻まれ、「一七五四年生まれ」と言われますが、確かなことは不明だと考えています。

真澄は一七八三年に故郷を旅立ち、信州で長興寺《ちょうこうじ》の僧・洞月《どうげつ》から和歌の秘伝書を授けられ、越後（新潟県）を通って東北に入りました。その後、生涯にわたって東北と北海道の村々を歩き続けました。

真澄の旅の仕方は、一か所に二、三年滞在して周辺を動き歩く、という繰り返しでした。各地で村役人や武家、僧、神官などと和歌を通して交流し、彼らが滞在中の面倒を見ていたようです。江戸後期は、地方にもそういう知識人のネットワークがあった時代でした。

北を目指したのは、「いにしへ」の名残があると考えたからでしょう。中央の文化は、儒教や仏教など外来文化の影響で変容していましたから。

面白いことに、真澄が歩いた土地は、世界遺産登録を目指している北海道と北東北三県の縄文遺跡がある範囲と重なります。歴史的に、北方の文化と中央の文化が重なり、豊かな文化が育った地だったことを象徴しています。

（二〇一八年六月五日）

「前方後円墳」の名づけ親

46 山陵志　奈良県奈良市　佐紀盾列古墳群

開化《かいか》（天皇）よりそののち蓋寝《がいしん》の制あり。垂仁《すいにん》におよんで始めて備わり、下、敏達《びだつ》にいたるおよそ二十有三陵は、制ほぼ同じなり。およその陵を営むは、山に因《よ》りてその形勢にしたがい、向こうところ方なく、大小、高卑、長短も定むところなし。その制をなすや、かならず宮車《きゅうしゃ》に象《かたど》り、前方後円《ぜんぽうこうえん》となさしめ、壇をなすに三成《みかさね》とし、かつ環《めぐ》らすに溝をもってす。

『史料天皇陵　山陵志・前王廟陵記・山陵図絵』（遠藤鎮雄訳編、新人物往来社）より

山陵志《さんりょうし》　江戸時代の下野《しもつけ》・宇都宮の儒学者、蒲生君平《がもうくんぺい》（一七六八〜一八一三年）の著書。全二巻。多くの文献を踏まえて現地を調査し、陵墓の形態の変遷や歴代天皇陵の所在地などを実証的に推論する。古墳の被葬者は現在も特定されていないが、宮内庁が指定している神武《じんむ》天皇から桓武《かんむ》天皇まで五〇代の天皇陵と蒲生の推定とは、垂仁天皇陵（宝来山《ほうらいさん》古墳、奈良市）や仁徳《にんとく》天皇陵（大山《だいせん》古墳、堺市）など三二陵で一致している。

北は岩手から南は鹿児島まで、三〜七世紀の日本列島では前方後円墳が次々に築かれた。総数五〇〇〇基とも言われる。

奈良市北部に広がる佐紀盾列《さきたてなみ》古墳群のウワナベ、コナベ、ヒシアゲの三古墳は、鬱蒼《うっそう》とした墳丘に水をたたえた周濠《しゅうごう》が巡り、前方後円墳を代表する秀麗なたたずまいだ。ヒシアゲ古墳は仁徳天皇の皇后、磐之媛《いわのひめ》陵として宮内庁に管理されている。

墳丘の方形部を「前」、円い部分を「後」とする見方は、蒲生君平に始まる。

蒲生は、墳丘の形は、天皇の亡きがらを運ぶ宮車《きゅうしゃ》をかたどったものだと考えた。著書『山陵志』で「その円《まどか》にして高きは、蓋《ふた》を張るがごときなり。（中略）方にして平らかなるは、衡《くびき》をおくがごときなり。（中略）左右に円丘あり、その下壇に倚《よ》り、両輪のごとし」と記した。後円部は棺《ひつぎ》を載せる台座、前方部は牛が車を引く柄《え》と横木、墳丘両側の張り出し部分は車輪だと述べている。

夕日に包まれる佐紀盾列古墳群。手前からウワナベ古墳、コナベ古墳、ヒシアゲ古墳（奥の池の右側）が並ぶ。蒲生君平は、墳丘の形は宮車をかたどったものだと考えた（読売新聞社ヘリから）＝河村道浩撮影

『山陵志』は、徳川光圀《とくがわみつくに》が編集を始めた『大日本史』を補完する記録・資料編を目指した九編の著作「九志」の一つで、文化《ぶんか》五年（一八〇八）に刊行。九編のうち『山陵志』など二編のみが世に出た。

佐紀盾列古墳群を歩くと、墳丘を見下ろせるような山や高台がない。蒲生は巨大古墳の平面形をどうやって知ったのか。

蒲生は寛政《かんせい》年間（一七八九～一八〇一）に二度、それぞれ半年かけて近畿や四国を巡り、山陵を調べた。栃木県埋蔵文化財センターの篠原祐一《しのはらゆういち》・調査課長は「丹念に歩くことで、側面からでも円形と方形がつながった形に気付いたのでは。聞き取りで、車塚《くるまづか》という地名が多いことも知り、死者を運ぶ車の形と考えたのだろう」と語る。

前方後円墳が円墳より古いとみられることや、石室の造りなどを基に、どの古墳がどの天皇の陵墓かを考察した。当時、ヒシアゲ古墳は平安初期の平城《へいぜい》天皇陵とされていたが、「その形宮車に象《かたど》り、（中略）仁徳の皇后岩之姫は奈良坂に葬らる」

ヒシアゲ古墳の前方部に設けられた拝所。磐之媛の墓とされている

と、形状や伝承などから判断し、磐之媛を被葬者候補に挙げた。

関西大の今尾文昭《いまおふみあき》・非常勤講師は「現地調査に基づく古墳の編年（型式ごとの順序）の研究は、大枠で今も生きている。考古学的な観察眼で陵墓を調べた先駆者」と評価する。

没後半世紀たった幕末、尊皇や国防を説いた蒲生の評価は志士の間で高まった。経世論家・林子平《はやししへい》、尊皇思想家・高山彦九郎《たかやまひこくろう》とともに「寛政の三奇人（優れた人物）」と称された。

幕末、蒲生の出身地、宇都宮藩は幕府に建議し、陵墓整備に取り組んだ。前方部先端に鳥居を備えた拝所を設けた。蒲生がそこを正面と見たためだ。このやり方は、宮内庁が管理する陵墓でも踏襲されている。

明治政府から忠臣として顕彰された反動もあってか、蒲生は戦後、ほとんど顧みられなくなった。それでも、広く使われる前方後円墳という言葉が偉業を伝えている。

（関口和哉／二〇一九年四月二三日）

アクセス

ウワナベ、コナベ、ヒシアゲの各古墳は、ＪＲ奈良駅、または近鉄奈良駅か大和西大寺駅から、それぞれ奈良交通バスに乗って「航空自衛隊」で下車してすぐ。近鉄新大宮駅から徒歩で行くと約20分。

◆『山陵志』とその時代

1787年	松平定信が老中になり、寛政の改革始まる
1790年	蒲生君平、東北を旅し、仙台で儒教に基づく経世論家・林子平に会う
1792年	ロシア使節ラクスマンが根室に来航、通商を求める
1797年	蒲生が京都などで陵墓を調査
1800年	二度目の陵墓調査
1801年	この頃、『山陵志』完成
1804年	ロシア使節レザノフが長崎に来航する。翌年、幕府はレザノフの通商要求を拒否
1807年	蒲生が北辺防備を説く。『不恤《ふじゅつ》緯《い》』を著す
1808年	『山陵志』刊行

◆解く　天皇陵探索　初めて体系的に

上田長生《うえだひさお》　金沢大学准教授

一七世紀末〜一八世紀初め、復古的な思想・運動が起こり、歴代天皇陵の探索への関心も高まりました。しかし、一時的な動きに終わり、その後数十年、盛り上がりはありませんでした。

そうしたなか、天皇陵の探索に初めて体系的に取り組んだのが蒲生君平です。『大日本史』や中国の歴史書を意識し、陵墓がある場所を歩いて『日本書紀』や『古事記』の記述と突き合わせ、その成果を出版したことに意義があります。平塚瓢斎《ひらつかひょうさい》や谷森善臣《たにもりよしおみ》ら、その後の山陵研究者の基準となりました。

商家の出身ですが、戦国時代の名将、蒲生氏郷《がもううじさと》の末裔《まつえい》だという家伝から、名字を福田から蒲生に変え、学問で身を立てようとしました。『山陵志』執筆の背景に、そうした自意識と、儒学を中心とした水戸学への傾倒があったと考えられます。

近畿で、君平の足跡に関する記録が少ないのは、幕府に命じられた公的な調査ではなく、私的な調査だったからでしょう。当時、山陵に目を付けた知識人はいましたが、これほど本格的に調査・研究した人物はいません。幕末維新を前に、少し時代の先を行っていたのです。（二〇一九年四月二三日）

北方の国防を考えた探検家

47 西蝦夷日誌　北海道積丹町　神威岬

> 此処《このところ》岬に成《なり》、海中百間計《ばかり》にオカムイ〔立岩〕と云《いう》岩有《あり》。名義、神也《なり》。（中略）丙辰《へいしん》〔安政三年〕の春迄《まで》は是《これ》より奥は女を禁じ置《おき》しを、今乱に入る様に成、浜千鳥と云賤妓《せんぎ》、また引越の者等《など》多く入込しが、当年は別《わけ》て大漁なりと。是迄松前にて女を此奥え入ると漁が無と言伝へ有しも、全く荒誕《うそ》なりしこと明《あきらか》也。
>
> 『新版 蝦夷日誌 下 西蝦夷日誌』（吉田常吉編、時事通信社）より

西蝦夷日誌《にしえぞにっし》　松浦武四郎《まつうらたけしろう》（一八一八〜八八年）が踏査した北海道西部の地形や土地の特徴、居住するアイヌの数などの記録を地図や風景画とともにまとめた紀行文。嘉永《かえい》二年（一八四九）の三回目の蝦夷地踏査後に書いた『蝦夷日誌』（全三五巻）などを再構成した。慶応元年（一八六五）から明治五年（一八七二）にかけ、地域ごとに「初編」から「六編」までを順次刊行。「四編」で積丹から古平《ふるびら》、余市《よいち》、小樽までを記した。同時期に『東蝦夷日誌』（全八編）なども出版している。

〝積丹《しゃこたん》ブルー〟の海に突き出た北海道積丹町の神威岬《かむいみさき》。尾根に沿った散策路を約二〇分歩き、先端に着く。その先の小島に、槍先《やりさき》のような形の神威岩が立っていた。江戸時代、蝦夷地を治めていた松前藩は、五〇年以上、「不漁になる」として和人の女性がこの岬より船で北に入ることを禁じていた。解禁後ここを訪れた探検家、松浦武四郎は憤った。「女人が入った年、大漁になった。松前藩の言葉は明らかに荒誕《うそ》だ」——。

かつて岬を越えて少し進むと、この一帯のアイヌの人々と和人の交易の場「積丹場所」があった。武四郎は「産物、鯡《にしん》・鮭《さけ》・海鼠《なまこ》・鮑《あわび》・鱈《たら》・鱝《かすべ》・鮃《ひらめ》・雑魚《ざこ》多し。（中略）地味肥沃《ひよく》にして海に海草多し」と記している。江戸初期にできた同藩は、こうした自然の恵みを独占したかった。ニシン漁などのための季節労働者はほしいが、定住者はいらない。それで定めたのが、元禄《げんろく》四年（一六九一）のこの女人禁制の藩令だ。積丹町教育委員会の阿部《あべ》剛《たけし》さんは「家族で来られなければ、定住はしないから」

海上交通の難所とされた場所にある神威岬。ここより北は女人禁制とされた＝辻本芳孝撮影

と解説する。

「荒誕《うそ》」とは穏やかでないが、それは武四郎が一貫して抱いていた松前藩への怒りの表れだった。

三重県の郷土の家に生まれた武四郎は、一七歳から諸国放浪の旅に出た。蝦夷地には、弘化《こうか》二年（一八四五）に二八歳で初めて訪れ、東蝦夷地を踏査した。その後も四一歳までさらに五回かけて、アイヌと寝食を共にしつつ、蝦夷地全域を巡った。

旅の中、元々自由に狩猟や交易をしていたアイヌが、和人商人が経営を請け負う「場所請負制」によって過酷な労働を強いられている現実を知る。今は積丹町役場がある地域では、アイヌが三〇年ほどで四分の一に減ったと記し、「この様子では『十年を待《また》ずして』絶えてしまうと思われる」と危惧している。「男女問わず出稼ぎに駆られる」「娘たちは和人の妾《めかけ》にされる」などと指摘し、この現状を招いた松前藩批判を強めていく。

ただ、ヒューマニズムに基づく批判――とすると、発想がいささか現代的過ぎるかもしれない。アイヌを見る武四郎のまなざしの奥には常に、日本の国防を脅かすロシアがあった。そもそも蝦夷地探査は、志士として北方の現状を知ろうとして始めた。アイヌの心を離れさせず、一緒に開拓を進めてもらいたいとの思いもあったのではないか。

　明治維新後、武四郎は新政府の役人になる。蝦夷地の新名称案を問われ、「アイヌ民族」などを意味する古いアイヌ語と武四郎がとらえていた「カイ」を入れた「北《ほっ》加伊道《かいどう》」案などを提案。明治二年（一八六九）、新名称は「北海道」になり、石狩、札幌、夕張などの国郡名案が採用された。ただ、アイヌの扱いは変わらず、失望してほどなく職を辞す。結局、武四郎は六回の踏査以降、蝦夷地を踏んでいない。理由は謎だ。

　命名一五〇年目にあたる今年（二〇一八）、大地震が北海道を襲った。まだ行方は予断を許さない。落ち着きが見えた頃、若き武四郎がどんな思いでこの地を巡ったのか足跡をたどるのもいい。

（辻本芳孝／二〇一八年九月二五日）

アイヌとの交易を請け負った和人商人の経営の拠点「旧下ヨイチ運上家」。各地にあった運上屋で唯一現存する（余市町で）＝川口正峰撮影

アクセス

新千歳空港からＪＲで小樽駅まで約１時間20分。神威岬まで車で約１時間20分。公共交通機関は、夏期のみ同駅から同岬までバスが運行する。

◆『西蝦夷日誌』とその時代

1808年	間宮林蔵、樺太調査
1825年	異国船打払令
1840年	アヘン戦争始まる
1851年	中国・清で太平天国の乱始まる
1853年	クリミア戦争始まる
	ペリー来航
	露軍人プチャーチン来航
1854年	日米和親条約締結
1860年	桜田門外の変
1861年	アメリカ南北戦争始まる
1862年	生麦事件
1867年	大政奉還
1868年	戊辰戦争始まる
1869年	開拓使設置

◆解く 人気の出版物 編集者の才覚も

三浦泰之《みうらやすゆき》 北海道博物館学芸主幹

武四郎は、生涯で約八〇件の地図や紀行文を出版し、うち四五件ほどが蝦夷地に関するもの。それらは「多気志楼物《たけしろうもの》」として江戸、大坂、京都で大流行しました。

ロシアに対する国防が課題となり、幕府が蝦夷地に注目していた時代。どんなところでどんな人がいたのかを庶民は知らなかったので、社会的にも関心が高かったようです。海岸線を一周できるすごろくなども出版しています。

書き手や画家としても優れていますが、下絵を本人が描いたうえで、有名だった画家に挿絵を、漢詩人や歌人に挿絵に添える漢詩や和歌を依頼し、読み物として質を上げていました。編集者としての才覚もあったようです。

『西蝦夷日誌 四編』は、明治政府の役人を辞職した後の出版。実際に積丹に行った直後も松前藩に不満でしたが、当時の著書にはこの批判の言葉はありません。新たな出版で劇的にしたのでしょう。ただ国防上、アイヌの窮状を懸念しており、他の著書も含め、松前藩について悪く書きすぎる傾向も。自ら出稼ぎに行ったアイヌを「無理やり連れられた」などと記した例もあり、注意が必要です。

（二〇一八年九月二十五日）

琉球開国へ　激しい情報戦

いたましくも病と称せられる皇太后はもちろん姿を見せず、摂政に政治を任せている王子の姿もなかった。（中略）こちらが王宮によもや訪れてくるとは思っていなかったことは明らかだった。たぶん、摂政が策を弄《ろう》して提督を自分の家に招き入れ、王宮への訪問は阻止できると思っていたのだろう。

『ペリー提督日本遠征記　上』（宮崎壽子監訳、角川ソフィア文庫）より

ペリー提督日本遠征記《ていとくにほんえんせいき》　米国の東インド艦隊司令長官マシュー・カルブレイス・ペリー（一七九四～一八五八年）が、一八五二年に米国を出発し、日本来航を経て五五年に帰国するまでの見聞を記した公式の報告書。ペリーと部下の日誌や報告書を基に、米国の歴史家、F・L・ホークスが編纂《へんさん》した。一行は大西洋、インド洋を経て、シンガポールや中国の広州、上海、日本の函館などに上陸。小笠原諸島を踏査した記録も含まれ、それぞれの地で、人々の生活や風習を細かく記している。

48 ペリー提督日本遠征記

沖縄県　中城村　中城城跡
那覇市　首里城

居丈高に日本に開国を迫ったペリー米提督は、意外だが、五度も琉球《りゅうきゅう》を訪れている。バカンスではない。捕鯨船の補給基地の確保が目的の遠征だったので、日本が渋れば日中両属の琉球を押さえようと下心があった。

一八五三年の神奈川・浦賀上陸の前に初めて訪れると、琉球王府の反対を無視し、調査隊が本島を踏査している。訪ねた一つが、太平洋を見下ろす丘陵の頂上にある中《なか》城城《ぐすくじょう》跡（中城村《なかぐすくそん》）だ。王国が統一された一五世紀に完成した城壁は、琉球石灰岩が隙間なく積まれ、美しい。既に廃城だったが、調査隊はアーチ構造などその建築技術に驚嘆している。

強い日差しの中、門をくぐって「南の郭《くるわ》」に入ると、神をまつる拝所が三つあった。拝所を設けるのは琉球のグスク（城）の特徴だ。その奥が本丸にあたる「一の郭」だ。裏門そばに井戸があり、踏査時と同じく豊かな水をたたえていた。隊員は全体の詳細な平面図を残しており、村教育委員会の渡久地真《とぐちまこと》さんは「攻め落とす可能性を

丘陵地の上に広がる中城城跡。左側手前の「三の郭」は、曲線の美しさなどで「琉球の城の最高美」とも称される（中城城跡共同管理協議会の許可を得て小型無人機から）＝鈴木竜三撮影

考え、記録しようとしたのでは」とみる。

ペリーは次に、〝聖域〟である首里《しゅり》城《じょう》（那覇市）の王宮訪問を決行した。ためらう王府側に対し、「提督はすでにその日に王宮を訪ねることに決めているのでかならず実行するときっぱり宣言した」。ぶれることなく高圧的なスタンスなのだ。

当日は、武威を示し、野砲を先頭に海兵隊を含む二〇〇人以上で城下を行進。王宮の城門を開けさせ、「北殿」へ入城を果たした。「提督の全外交政策はいかなることにも真実を貫くことにあった。（中略）このやり方は、真実を明かさず、明かすとすれば欺くためという相手側の常套《じょうとう》手段を打ち破った」と誇らしげに記す。

だが実は、王府側は「欺く」ことには成功していた。国王の空間である「正殿」には通さず、死守したのだ。応対したのも、政務トップを装ったダミーの役職で名前も偽名。宗主国・中国と、琉球を支配する薩摩藩の手前、実態を見せるわけにはいかなかった。沖縄美《ちゅ》ら島《しま》財団の輝広志さんは「偽の役人には権限がなく、言い分を受け入れてもらうため頭を下げるのが役割だった」と語る。

調査隊の踏査の際も、王府側は実態隠しに動いている。隊は六日間で那覇から北方に往復約一七〇キロを思うままに歩いたとされるが、実際には誘導された道程で、中城城以外の要害には行けなかった。王府は、貧しく見せるよう島民に通達し、食糧も要望された量をまかなえないふりをした。魅力がなければ立ち去るだろうと考えたのだ。

首里城正殿（右）は内部まで復元され、北殿（正面）は外観が元の姿に再現されている＝国営沖縄記念公園（首里城公園）で

だが結局、欺ききれなかった。ペリーは三度目の訪問で、琉球の物資の豊かさを挙げて交易などを求め、「同意しなければ王宮を占拠する」と脅した。結局、江戸幕府に続いて琉球も五四年、開国を認める条約を結ばされる。

王国は七九年に四五〇年の歴史に幕を閉じる。江戸時代を通じ、幕府による支配を中国に隠しながら、交易を継続した琉球王府。そのしたたかさも、時代のうねりからは逃れられなかったといえる。

（辻本芳孝／二〇一九年九月一七日）

追記　取材から二か月後の二〇一九年一〇月、首里城の正殿など八棟が焼失した。王国の威厳を存分に感じさせた空間だけに、いち早い再復元を望む。

アクセス
中城城跡へは、那覇空港から沖縄自動車道経由で、車で約30分。首里城公園には、路線バス「首里城公園入口」「首里城前」か「山川バス停」、モノレール（ゆいレール）「首里駅」で下車。

◆『ペリー提督日本遠征記』とその時代

1851年	中国・清で太平天国の乱始まる	1858年	日米修好通商条約締結
1853年	ロシアと、オスマン帝国・英仏などによるクリミア戦争始まる	1861年	アメリカ南北戦争始まる
1854年	日米和親条約締結	1867年	大政奉還
	琉米修好条約締結	1872年	琉球藩を設置
		1879年	沖縄県を設置

◆解く　王国側と提督側　真逆の記述

田名真之《だなまさゆき》　沖縄県立博物館・美術館館長

ペリー提督の一行は沖縄滞在中、本島中北部の中城、読谷山《ゆんたんざ》、金武《きん》まで足を延ばしました。各地の地形や風景、また、琉球王国の中心地の那覇、首里の実態も事細かに記しており、第三者から見た情報として貴重です。那覇地方官の肖像をはじめ、町や城の光景を描いた版画は、ビジュアル情報として唯一無二の資料となっています。

ペリーや隊員の見聞や、琉球に当時住んでいた外国人宣教師の情報などを踏まえた琉球人観察は、おおむね正鵠《せいこく》を射ています。教育、宗教などだけでなく、男が遊んでいて女が働く「男逸女労《だんいつじょろう》」と呼ばれる風習、死者への敬意に至るまでがきっちり目撃されています。

『ペリー提督日本遠征記』と、王国側の行政文書『琉球王国評定所文書』を照らし合わせると双方の思いがわかります。例えば、『遠征記』では、上官訪問時の供宴で、ペリー側は、料理の品数が通常の倍あることに「二倍の敬意を払おうとしている」と喜んでいます。一方、『評定所文書』には、中国の使者に出すような最上級の料理は供しなかったと記述されています。全く逆の姿勢で臨んでいることがわかります。

また、『評定所文書』にはペリーの隊員が誤って鉄砲で琉球の子どもを撃った話があり、『遠征記』にはありません。報告書にまとめた時、外聞の悪いことは取捨選択をしたのでしょう。

（二〇一九年九月一七日）

初代総領事の心を支えた散歩

49 日本滞在記 静岡県下田市 玉泉寺

興奮と蚊のため、ひじょうに僅《わず》かしか眠れなかった——蚊は、たいへん大きい。午前七時に、水兵たちが旗棹《はたざお》をたてに上陸した。（中略）この日の午後二時半に、この帝国におけるこれまでの「最初の領事旗」を私は掲揚する。厳粛な反省——変化の前兆——疑いもなく新しい時代がはじまる。敢《あえ》て問う——日本の真の幸福になるだろうか？

『日本滞在記 中』（坂田精一訳、岩波文庫）より

日本滞在記《にほんたいざいき》 ニューヨーク出身のタウンゼント・ハリス（一八〇四〜七八年）の日記に基づく滞在録。上巻では、外交官としてのタイでの職務、中下巻で下田、江戸での日々を描く。江戸出府への道のりや将軍謁見《えっけん》、日米修好通商条約の交渉のやり取りについて、ハリスの率直な考えが読み取れる。病気になったハリスを看護した地元の女性、斎藤きちは「唐人お吉」として小説などで知られるが、記述は一切ない。

伊豆半島先端の下田湾を一望できる静岡県下田市の玉泉寺。安政三年（一八五六）八月、日米和親条約に基づいて初の在日米国総領事館が置かれた。その初代総領事が、後に日米修好通商条約を結ぶタウンゼント・ハリスだ。

山門をくぐると、かつて高さ約二四メートルの領事旗が翻った場所がある。総領事館だった本堂では、村上文《むらかみぶん》樹《き》住職が「ハリスさんが持ち込んだストーブの煙突穴です」と壁を指さした。奥の西向き八畳間が、ハリスが三年近く暮らした居室だ。

武力を背に一気に開国を迫ったペリー提督と違い、来日後のハリスは忍耐の日々を過ごした。下田は、大半の家屋を失った安政東海地震からまだ二年の混乱のさなか。和親条約の翻訳の手違いで上陸も一時拒まれた。提供された玉泉寺は不便な場所。しかも幕府から江戸行きの許可は出ず、武力をちらつかせて打開を図ろうにも肝心の軍艦がない。米国船がその後一年間訪れず、物資も情報

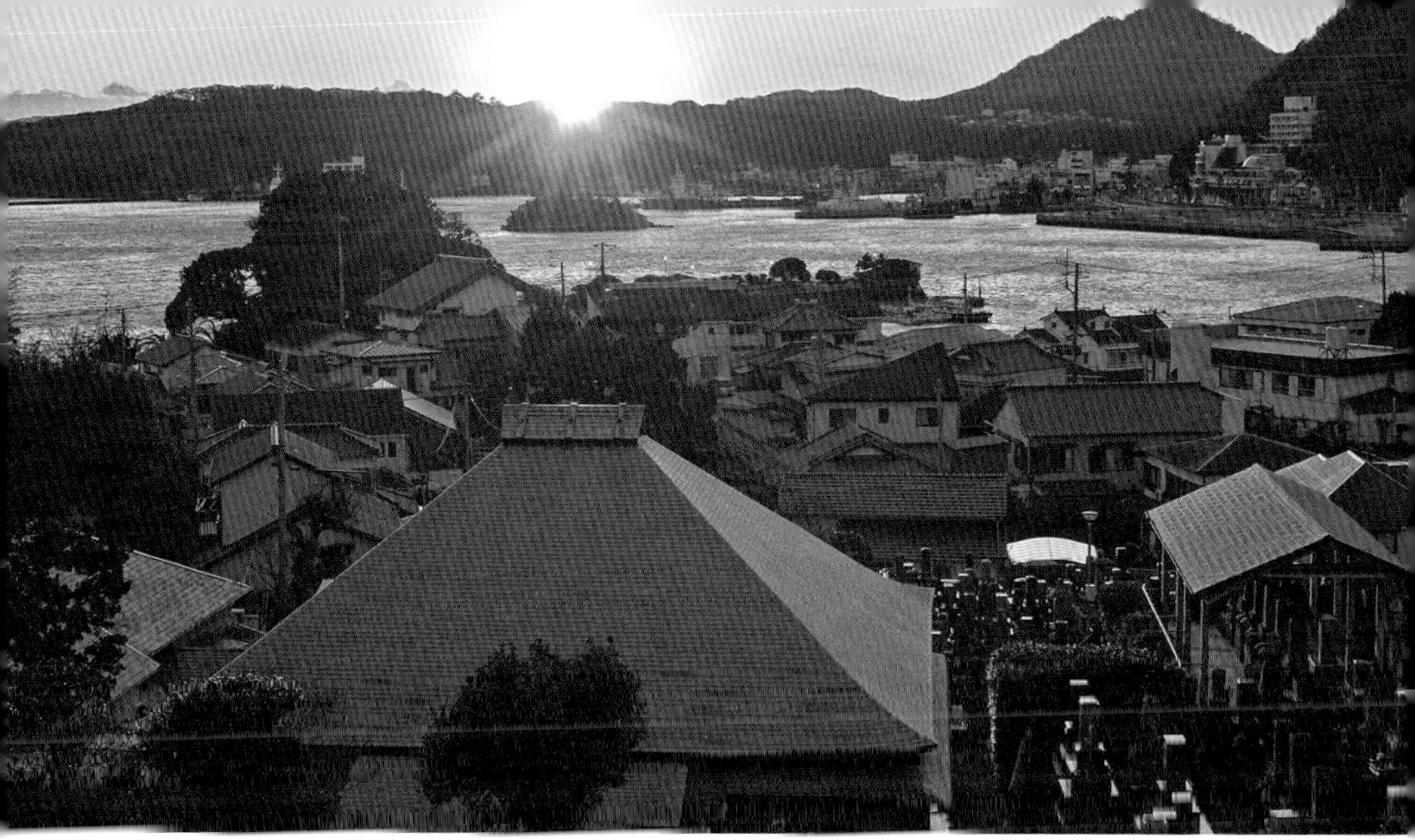

玉泉寺（手前）から望む下田湾。境内の一角にペリー艦隊の乗員５人の墓（右、屋根の下）もある＝鈴木竜三撮影

も手に入らない。相棒は通訳のみ。「私は、世界の何処《どこ》へ行っているアメリカの官吏にもまして、孤独の身」とこぼした。

折れそうな心を支えたのが、散歩だ。「下田湾の岸にそって約八哩《り》（約一二キロ）も歩いたので、一層その麗《うらら》かさを味わった」と日々、郷土や風景、人々の暮らしを観察した。ハリスがヴァンダリア岬と呼んだ須崎半島先端の岬に向かうと、起伏はかなり激しい。須崎御用邸辺りを抜けるハリスの半島一周ルートをたどり、健脚ぶりを実感した。

ハリスは、行動を許された下田湾の半径七里（約二七キロ）を歩きまわった。混浴には批判的な感想を記すが、「湯に入っている一人の女を見た。彼女は少しの不安気もなく、微笑をうかべながら私に、いつも日本人がいう『オハヨー』を言った」と実生活に触れた。病気がちだったハリスが危篤状態となった際は、日本人が当時、飲む習慣がなかった牛乳を、地元民がかき集めてくれた。様々な経験を通し、日本人への理解を深めた。

ハリスは安政四年（一八五七）、下田で、治外法権や長崎開港などを含む下田協約の締結に成功する。まもな

ハリスが居室とした本堂の８畳間。この外側に自分用の風呂を設置したという

く下田に待望の米艦が入港。幕府は江戸湾への侵入を恐れ、ついにハリスに陸路での江戸行きを認める。長い交渉を経て翌年、関税自主権を保持しない条項など「不平等」な日米修好通商条約を結ぶに至る。

ただハリスに「不平等」の認識があったかどうかは不確かだ。なぜなら、ハリスが協約で定めた関税率の下、日本の貿易は順調に伸びた。貿易赤字に陥ったのは、ハリス帰国の四年後のこと。下関戦争で長州藩が欧米列強に敗れ、賠償に絡む協約で、日本の関税率が植民地並みに引き下げられてからだ。

ハリスは、条約でアヘン輸入を禁じたほか、自らを含め、江戸に列強の代表使節団が駐在を始めても、一貫して幕府の立場に理解を示した。下田生活がそうした心境を育んだのだろう。

ただ、金銀の交換比率を変え、大量の小判を海外に流出させた側面もある。下田市史編纂室の高橋広明《たかはしひろあき》さんは「ハリス自身が利益を得ており、影響は熟知していたはず」。ゆかりの地を散策し、改めてその人物像と功罪に思いを巡らせた。

（辻本芳孝／二〇一〇年二月二五日）

アクセス

玉泉寺には伊豆急下田駅から須崎・爪木崎《つめきざき》行きバスで「柿崎神社前」下車、徒歩２分。徒歩なら約25分。

◆『日本滞在記』とその時代

1840年	アヘン戦争始まる
1851年	太平天国の乱始まる
1853年	ペリー来航
1854年	日米和親条約締結
1856年	ハリス、下田に総領事館を設置
1858年	日米修好通商条約締結
1860年	桜田門外の変
1861年	アメリカ南北戦争始まる
1862年	ハリス帰国 生麦事件
1863年	アメリカ奴隷解放宣言
1867年	大政奉還
1877年	西南戦争
1878年	ハリス没

◆解く 「正義」を貫く性格　列強と対立

福岡《ふくおか》万里子《まりこ》　国立歴史民俗博物館准教授

商人だったハリスはニューヨーク市立大学の前身の無償学校の設立に尽力するなど公的な仕事に熱心でした。その後商売で訪れた中国でアヘン貿易の横行が許せず、広州や上海の領事になる嘆願を本国に出しました。日米和親条約による下田への総領事館の設置を知り、領事に自薦しました。

『日本滞在記』は、外交官として、シャム王国（タイ）を経て来日してからの日々を描きます。ノートが尽きたのか、日米修好通商条約締結前で終わります。侵略的な政策だった列強と違い、ハリスはアジアを守ろうという姿勢でした。日米修好通商条約にも、列強との紛争を米国が仲裁する条項を入れています。一方で諸外国の外交使節団からやがて孤立します。外交団は、尊皇攘夷《じょうい》派による外国人襲撃事件で幕府の関与を疑いますがハリスは否定します。自分の通訳が殺されても態度を変えず、対立は決定的になりました。

つまり、正義なら必ず実現すべきだと考える、その意味で融通が利かない性格。ペリー来航時に求められた金銀の交換比率は妥当でしたが、下田協約で日本側に強硬に変更を迫りました。既存の比率は不当なものと信じていたようです。ハリスの「正義」によって日本の金が流出したと言えます。（二〇二〇年二月二五日）

対英戦争　薩摩の近代化を加速

> しかし正午になると、突如一発の砲声がきこえた。それと同時に、全砲台がわが艦隊に向かって火ぶたを切ったのである。雨が降り、風が台風のように吹いていたのだが、提督は直ちに交戦の命令を下し、また拿捕船《だほせん》を焼却せよとの信号をわが艦と、レースホース号およびコケット号に向けて発した。
>
> 『一外交官の見た明治維新 上』（坂田精一訳、岩波文庫）より

一外交官《いちがいこうかん》の見《み》た明治維新《めいじいしん》　英国外交官アーネスト・サトウ（一八四三～一九二九年）が幕末から維新にかけて日本に滞在した当時の回想録。英国では一九二一年に刊行された。西郷隆盛《さいごうたかもり》、伊藤博文《いとうひろぶみ》、勝海舟《かつかいしゅう》らとのやり取り、薩英戦争など歴史的出来事の体験に加え、対日外交で競ったフランスの動向などを記す。日本の風習もユーモアを交えて描いた。日本の真の支配者は将軍ではないなどと主張する論説は「英国策論」として翻訳され、討幕の精神的支柱になったこともうかがえる。

50　一外交官の見た明治維新　鹿児島県鹿児島市　錦江湾

錦江湾《きんこうわん》から望む鹿児島は格別だった。幕末の一八六三年（文久《ぶんきゅう》三年）八月、英国艦隊で外交官アーネスト・サトウとともに訪れた医師ウィリアム・ウィリスは「海岸線がつづき、じつに壮大でうつくしい、絵のような風景」と、母国の兄に第一印象を伝えた。亡くなった歴史研究家の萩原延寿《はぎはらのぶとし》さんが著書『遠い崖　アーネスト・サトウ日記抄』に記している。

ウィリスが賛辞を惜しまなかった海岸線には薩摩藩近代化事業の工場群「集成館」があった。今の尚古集成館館長、松尾千歳《まつおちとし》さんは「鹿児島では薩英戦争を『前の浜の戦』と呼びます」と教えてくれた。薩摩と英国艦隊は鹿児島城下の目の前に広がる錦江湾で砲火を交えた。

英国の艦隊派遣は前年に起きた生麦事件にけりをつけるためだった。サトウが「野蛮きわまる殺戮《さつりく》」と批判した英国人殺傷事件で、英国は薩摩に犯人処刑と賠償金二万五〇〇〇ポンドを求めた。薩摩は島津久光《しまづひさみつ》の行列を乱したために無礼打ちした正当な行為だと主張する。攘夷《じょうい》

薩英戦争の舞台になった錦江湾を今はフェリーなどが行き交う。桜島の右手から朝日が差し込んでいた＝鈴木竜三撮影

派によるテロか、しきたりを無視した結果の偶発的出来事か。認識の溝は埋まらず、錦江湾に停泊した英国艦船上での交渉は決裂する。「十四日の朝使者が到着したとき、わが方は使者に向かって、回答は不満足なものと考えられるから、もはや一戦を交じえたあとでなければ日本人との交渉には断じて応じられぬと告げた」

翌八月一五日、「それは思ったよりも早くやってきた」。

今の鹿児島港と桜島港を結ぶフェリー航路は四キロに満たない。薩摩は鹿児島側の新波止《しんはと》砲台、桜島側の袴《はかま》腰《ごし》砲台などから砲撃する。英国の旗艦ユーリアラスでは「ジョスリング艦長とウィルモット中佐が、第七砲台から発射された球形弾にあたって戦死した」。サトウも戦場に身を置き、砲弾は「まさに私たちに命中するかと思った瞬間、急に空中高く飛び上がるように、頭上を通りすぎた」。

戦いは二日にわたり、薩摩は砲台を破壊され、集成館や城下の一部も焼失した。戦死五人、負傷一四人だったとも伝わる。英国も無傷の艦船はほとんどなく、戦死は一三人、負傷は五〇人に上ったという。

「薩摩にとって英国は仮想敵国でした。一八四〇年代か

1865年に再建された日本最古の石造洋式機械工場・旧集成館機械工場は現在、尚古集成館として島津家の歴史や文化を紹介する

ら砲台を築き、備えを怠らなかった」と松尾さんは指摘する。領内では一八二四年に英国人と銃撃戦になった宝島《たからじま》事件が起きている。四三年には琉球《りゅうきゅう》八重山などで英国船が測量を強行、主権を踏みにじられた。列強の力の外交にさらされ続けた薩摩は海防の強化を図ってきた。

　互角に戦った感もある薩英戦争だが、薩摩は英国にならって近代化と工業化を進める必要性を痛感する。生麦事件によっても長崎在住の英国商人グラバーとの関係を絶やさなかったことも助けとなり、終戦から三か月足らずで和解交渉に入る。英国は薩摩が攘夷派ではなく、貿易拡大に積極的なことを理解する。和解は双方の利益にもかなう選択だった。

　集成館は六五年（慶応《けいおう》元年）に再建される。サトウは鹿児島を訪れ、英国人技師と新設工場も見て回った。「薩摩の人々が文明の技術に長足の進歩を遂げつつある」「やがては日本中ではるかに他をしのぐであろう」

　薩英和解は維新後の日英親善へとつながっていく。サトウが目にしたであろう、鹿児島から望む錦江湾も格別だったに違いない。

（渡辺嘉久／二〇一九年三月一九日）

アクセス

鹿児島市は鹿児島空港からバスで約50分。尚古集成館へは市内循環バス「カゴシマシティビュー」などで「仙巌園前」下車。

◆『一外交官の見た明治維新』とその時代

1843年	アーネスト・サトウがロンドンで生まれる
1858年	安政の大獄（～59年）
1860年	桜田門外の変
1862年	サトウ来日。生麦事件
1863年	薩英戦争
1864年	蛤《はまぐり》御門《ごもん》の変で長州藩が会津、薩摩両藩と交戦し敗走。英仏米蘭の四国艦隊が下関砲撃
1866年	薩長連合
1867年	薩長に討幕の密勅。徳川慶喜が政権返上を申し出る（大政奉還）
1868年	江戸城明け渡し。明治改元
1869年	サトウ帰国

◆解く　一九世紀の世界の対日観

楠家《くすや》重敏《しげとし》　杏林大学大学院客員教授

一九世紀は英国が世界をリードした。英国の対日観は世界が日本をどう見ていたのかを示す。外交官の立場にあったアーネスト・サトウの日記は貴重な資料だ。『一外交官の見た明治維新』からは、幕末の日本が必ずしも外交下手ではなかったという一面も浮かび上がる。日本にとって不平等条約とされた日英修好通商条約には英国も不満を抱いていた。サトウは幕末維新の立役者である西郷隆盛に居留地制度見直しを強く求めている。英国人の行動を制限し、自由貿易を阻害していたからだ。外交はギブ・アンド・テイクで、日英に不満があったからこそ、条約改正交渉は明治に引き継がれて合意する。

外交が情報に左右されることにも改めて気付く。英国は日本語のわかる外交官育成に着手し、サトウはその一期生だった。巧みな日本語で政治的に対立する薩長と幕府双方に人脈を築いた。人材不足から情報を幕府に頼り、情勢を見誤ったフランスとは対照的だ。

今年（二〇一九）はサトウ没後九〇年だ。二年後には原著 *A Diplomat in Japan* 刊行一〇〇年を迎える。サトウが日記を書き始めてから刊行まで約五〇年の隔たりがあり、内容にはリアルな体験と回顧が混在する。幕末維新やサトウについての研究も進んだ。原書を改めて精査したい。

（二〇一九年三月一九日）

新政府軍の頭脳戦　「賊」瓦解す

51 復古記　京都府京都市　淀城跡

黎明《れいめい》、鳥羽口の官軍、また進んで賊巣を衝《つ》かんとす。賊兵、各処《かくしょ》に分拒《ぶんきょ》す。官軍奮撃し、ことごとくこれを敗り、勢いに乗じて鼓行《ここう》す。ときに淀堤の賊もまた走る。両軍相合し、淀の北岸に臨み、巨砲を発して、市街を焼く。賊、城に據《よ》らんと欲す。城兵は拒んで納れず。賊、狼狽《ろうばい》し城南大橋を焼きて、八幡に走る。

『復古記』（太政官編纂・東京帝国大学蔵版、内外書籍）より。読み下しは霊山歴史館による

復古記《ふっこき》　一八六七年から六九年までの王政復古に関する事象について、明治政府が旧大名家、公家などの史料からまとめた歴史書で、八九年に完成。一九二九～三一年に刊行された。正記と外記の二部構成で全二九八巻。正記は主に政治動向、外記は戊辰《ぼしん》戦記を収録。国立国会図書館や東京大史料編纂所のデータベースでも読める。

喧噪《けんそう》に包まれた京都競馬場（京都市伏見区）の近郊で一五二年前、壮絶な戦闘があったとは、思いもよらないだろう。この淀地域には一〇〇余りの戦死者の墓碑があり、絶えず花が供えられている。

戦闘とは、慶応《けいおう》四年（一八六八）一月三日、京に進軍した旧幕府軍と、迎え撃つ新政府軍との間で起きた鳥羽伏見の戦いだ。一年半近くに及ぶ戊辰戦争の緒戦《しょせん》で、新政府軍が最新の銃火器を駆使し、三倍の兵力の旧幕府軍をじりじりと南へ押し返していた。

明治政府が編纂《へんさん》した『復古記』によると、淀が主戦場となるのは一月四、五両日。「河堤左右、死骸山のごとし」との記述もあり、「賊」と名指しされた旧幕府軍は多くの兵を失う。新政府軍は五日、淀付近で錦の御旗を掲げ、勢いづいていた。

旧幕府軍が頼りにしたのは徳川恩顧の譜代大名、稲葉《いなば》正邦《まさくに》の構える淀城だ。戦闘中の城下になだれ込んだ旧幕府軍は、淀藩とともに城内で態勢を立て直そうとした。

石垣の残る淀城跡（手前）が夕日に映える。旧幕府軍は淀城に入れず、川を渡りながら、奥の山々の方角へ逃れていった（読売新聞社ヘリから）＝河村道浩撮影

ところが五日午後、城の守兵は門を開けず、入城を拒んだ。冒頭の「賊、狼狽《ろうばい》」はその時の混乱を指す。

なぜ拒否したのか。『復古記』によれば、当時、老中職にあった正邦は江戸にいて不在。そこへ朝廷から何らかの「御沙汰」があり、藩側は、新政府軍とは敵対せぬから城を焼かないでほしいと、密かに頼んでいたという。

本書は、いわば勝者の側から見た記録である。新政府軍が自らの武力と調略で「賊」を瓦解させ、多くの藩を取り込んで権力基盤を固めた経過をつづる。

「淀藩の裏切り」と語り継がれてきたのは、こうした記録に基づいているからだろう。

戦闘で被弾した跡が残る妙教寺《みょうきょうじ》の松井《まつい》遠妙《おんみょう》住職は淀藩に同情する。「藩主不在の中、家臣が城と町を守るために悩み抜いて下した判断と思う。どちらにもつかず、中立を保ったということではないか」

その後、旧幕府軍は南へ撤退する。翌六日、八幡、橋本（京都府八幡市）に布陣し反撃に出た頃だった。

今度は、淀川を挟んだ対岸から山崎の関門

を警備する津藩の兵が、味方の旧幕府軍への砲撃を始めた。津藩は藩祖・藤堂高虎《とうどうたかとら》以来の佐幕派。『復古記』は、前日に朝廷から山崎へ派遣された勅使が帰順を促し、津藩が応じたとする。「津藩の裏切り」と伝わる事件だ。

総崩れとなった旧幕府軍は大坂へ遁走《とんそう》する。大坂城にいた徳川慶喜《とくがわよしのぶ》も江戸へ逃亡し、戦いは四日間で終結した。

京都競馬場のそばに千両松という戦跡があり、「戊辰役」と記された碑が立つ

淀藩と津藩の対応が旧幕府軍の敗北を決定づけたのは間違いない。だが、いずれも板挟みになった状況などから、単なる「裏切り」とする見方への異論は根強い。実際、時代を分ける戦いの渦中、この二藩以外の多くの藩も揺れ動いた。

橋本の戦跡近くに、津藩の砲撃を受けた旧幕府軍陣地・楠葉台場跡《くずはだいば》（国史跡、大阪府枚方市《ひらかた》）がある。その緑地から山崎方面に目を向けると、かの天王山が見える。過去幾度も血が流れたこの一帯は、多くの人間の迷いと絶望が刻まれているようでもある。

（赤木文也／二〇二〇年一月一四日）

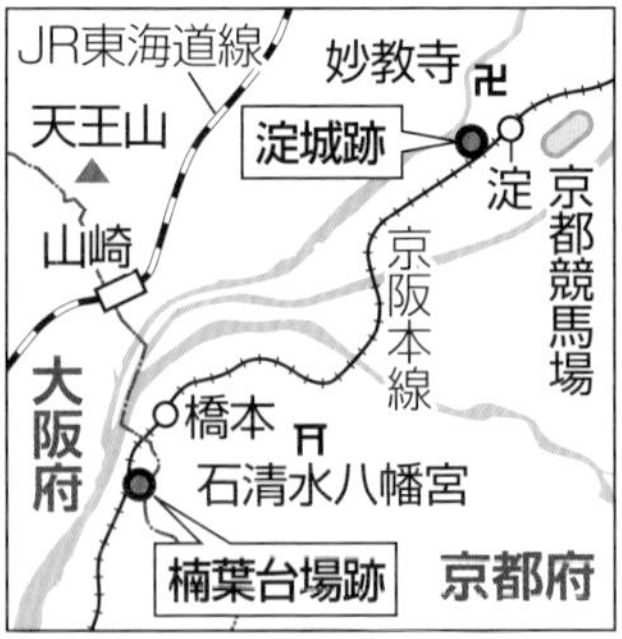

アクセス

淀城跡は京阪淀駅からすぐ。
楠葉台場跡は京阪橋本駅から南へ徒歩10分程度。

◆『復古記』とその時代

- 1867年　大政奉還
- 1868年　王政復古。鳥羽伏見の戦い。明治改元が行われる
- 1869年　戊辰戦争終結
- 1872年　『復古記』編纂始まる
- 1877年　西南戦争が勃発
- 1883年　鹿鳴館が開館
- 1889年　『復古記』完成
- 1890年　第一回帝国議会が開かれる
- 1904年　日露戦争、開戦。翌年終結
- 1923年　関東大震災
- 1929年　『復古記』刊行始まる

◆解く　鳥羽伏見　勝者の歴史を伝える

木村《きむら》幸比古《さちひこ》　霊山《りょうぜん》歴史館副館長

『復古記』は明治新政府が自らの勝利の歴史を書き残したものです。当時、政府は欧米列強の外圧を感じ、属国にならないよう短期間に国家を建設しなければならない状況でした。新しい国づくりを始める大義名分を示す意味で、こうした正史の編纂事業を進めるのが重要だったといえます。

勝因は武力よりむしろ頭脳的作戦です。『復古記』にもありますが、錦旗《きんき》を掲げ、旧幕府軍を「朝敵」にしたこともそうです。さらに「勅命」の言葉を使って揺さぶりをかけ、旧幕府側を精神的に骨抜きにしたことでしょう。公卿の西園寺《さいおんじ》公望《きんもち》らが鎮撫《ちんぶ》総督として各藩に出向いて新政府への恭順を示す誓約書を提出させ、旧幕府軍を孤立させたことも大きいです。

新政府軍側の戦死者を詳細に記録するのは薩摩、長州の人物が多いのを示すためでしょう。結局、新政府をつくった諸藩の間で、役職の配分を決めたのは戦死者の数です。『復古記』は、戊辰戦争研究の基本史料ですが、そうした薩長史観には留意すべきです。この時代の歴史は旧幕府側の史料と合わせて俯瞰《ふかん》することが重要です。

（二〇二〇年一月一四日）

「武士」に殉じた土方歳三

52 函館戦記 北海道函館市 五稜郭跡ほか

新選組の「鬼の副長」土方歳三は剣の使い手だった。司馬遼太郎の小説『燃えよ剣』に土方の独白がある。

「剣に生きる者は、ついには剣で死ぬ」

一流の使い手だからこそ剣が無意識のうちに動き、戦いの場から離れることを許さない。剣が使い手を死地へと追い込んでしまう。京都時代の回想場面だ。

一八六九年五月一一日、戊辰戦争は最終局面に入る。五稜郭を目指す明治新政府軍の総攻撃は夜明け前に始まった。『函館戦記』には「天いまだ明けず、ただ火光を見るのみにて、艦を見ず」とある。そして日が昇る。

「忽《たちま》ちにして函館山の巓《いただき》に小銃声有り。仰ぎて見れば官軍すでに山の巓に上る」

旧幕府軍に加わった新選組は弁天台場《べんてんだいば》に孤立した。土方は援軍を率いて五稜郭を出る。

「吾《わ》れこの柵に在りて、退く者は斬らん」

旧幕府軍を鼓舞するが、狙撃され命を落とす。

五稜郭タワー展望台から函館山を眺める。手前の函館

> 独り奉行の必ずこれを柵に留《とど》めんと思ひしに、皆柵を過ぎて行けば、また愕《おどろ》き、奉行と約せしは彼《か》の如《ごと》くなるに、これを留めざるは何んぞや、と思ふに、同僚の大島寅雄《おおしまとらお》と安富才助《やすとみさいすけ》とに千代岡《ちよがおか》に於《お》いて逢《あ》ひて、始めて奉行の跨馬《こば》して柵側に在りしに、狙撃せらるる所となりて死せるを知れり。
>
> 『新選組史料大全』（菊地明・伊東成郎編、KADOKAWA）所収の『函館戦記』より

函館戦記《はこだてせんき》 唐津藩士だった大野右仲《おおのすけなか》（一八三九〜一九一一年）が著した。「一日一銃一千発」との記録が残り、激しい銃撃戦となった一八六九年四月の二股口《ふたまたぐち》の戦い、土方歳三《ひじかたとしぞう》が戦死した翌五月の新政府軍総攻撃、五稜郭《ごりょうかく》開城・戊辰《ぼしん》戦争終結に至る旧幕府軍の様子を詳細に記す。『函館戦記』は菊地明編著『土方歳三日記 下』（ちくま学芸文庫）にも引用され、他の史料とともに、当時の土方の言動を知ることができる。

五稜郭上空の月は堀の水面に映し出された。大野右仲も見た風景だろうか＝鈴木竜三撮影

駅近くには「土方歳三最期の地」碑が立つ。「最期の地」には諸説あり、ここは弁天台場へのほぼ中間点だ。土方の剣は新政府軍の銃に阻まれた。勝機はあったか。

「我が兵は限り有るも、官軍は限り無し。一旦《いったん》の勝ち有りと雖《いえど》も、その終《つい》には必ず敗れんこと、鄙夫《ひふ》すらこれを知れり」

土方は彼我《ひが》の戦力を冷静にみていた。それでも旧幕府軍陸軍奉行並《なみ》として指揮を執った。なぜか。

「吾れ任せられて敗れなば則《すなわ》ち武夫《ぶふ》の恥なり。身を以《もっ》てこれに殉ずるのみ」

函館市立函館博物館の保科智治《ほしなともはる》さんは「徳川幕府のもとで戦《いくさ》のない時代が続き、武士は文官のようになっていた。農民から幕臣に取り立てられた土方には幕府への忠誠心が非常に強かった」とみる。

武士として生きる者は、ついには武士として死ぬ――。

土方は武士より武士らしく生きようとした。だからこそ、自らに戦いの場から離れることを許さなかった。

志は『函館戦記』を著した唐津藩士大野右仲も同じだった。譜代の唐津藩小笠原家は鳥羽伏見の戦い後、親新政府に転じた。大野は旧幕府軍で戦い続ける。小笠原家世子《せいし》で老中も務めた長行《ながみち》に従い蝦夷地《えぞち》（北海道）に渡る。入隊した新選組で頭取に推され、旧幕府軍では土方側近として陸軍奉行添役《そえやく》に就いた。

「土方歳三最期の地」碑には今も多くのファンが訪れ、思いを寄せる

「大野は土方の発言を多く書き残した。土方の人物を後世に伝えたかったようだ」。唐津市近代図書館（佐賀県）の黒田裕一《くろだゆういち》さんは指摘する。

新政府軍総攻撃の夜、大野は五稜郭の土塁を独り歩く。

「吾れ夜堤上を歩きて見るに、月は欠けて天に在り、曠《こう》野《や》渺漫《びょうまん》たり。砲台は湾を隔てて雲煙の中に髣髴《ほうふつ》たり。独り兄事する所の奉行の死を嘆き、同胞の如《ごと》く交《まじわ》りたる者は皆彼に在りて、吾れのみ敵陣の遮る所と為りて至るを得ず」

思いを寄せる大野の眼前には月に照らされた広野が続き、函館湾の向こうにはかすかに砲台が見えるばかりだった。

（渡辺嘉久／二〇一九年一一月五日）

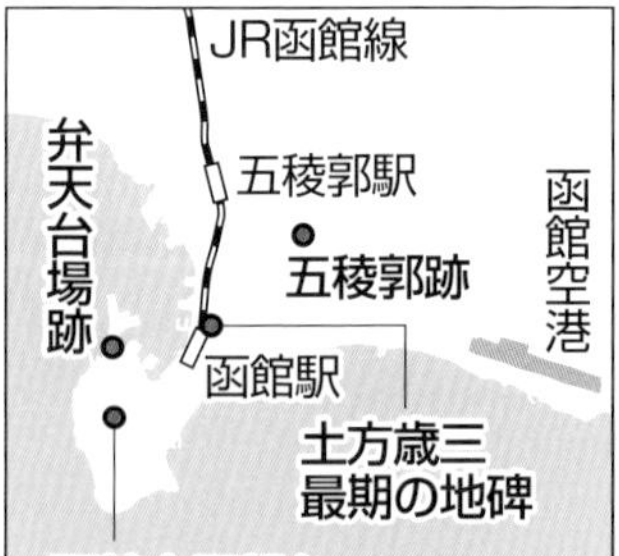

アクセス

五稜郭跡へはＪＲ函館駅から函館市電と徒歩、函館空港からバス利用で、いずれも約35分。五稜郭跡から函館山展望台へは市電、ロープウェーで約50分。

◆『函館戦記』とその時代

1863年	「壬生浪士組」が会津藩預かりとなり京都市中警備。「新選組」拝命
1866年	薩長連合
1867年	土方歳三、幕臣に
	大政奉還
1868年	鳥羽伏見の戦い（戊辰戦争が始まる）
	江戸開城
	奥羽越列藩同盟成立
	会津戦争
	大野右仲が新選組入隊
	旧幕府軍が五稜郭占領
1869年	新政府軍総攻撃で土方死す
	五稜郭開城（戊辰戦争終結）

◆解く　近世の終焉　武力で決着

菊池勇夫《きくちいさお》　宮城学院女子大学名誉教授

戊辰戦争で重要なのは江戸開城までだという考え方がある。徳川中心の幕藩体制から天皇中心の新政府への移行を象徴し、戊辰戦争は事実上決着したという主張だ。

東北、北海道の歴史を考えると、戊辰戦争の終わる箱館戦争が近世の終《しゅう》焉《えん》だ。箱館戦争までを検証しなければ、この地域の近代のはじまりも見えてこない。『函館戦記』を始めとした史料に基づき、史実を明らかにすべきだ。

独立した諸藩を幕府が支配する幕藩体制は、貨幣経済の発展で幕末には維持し難くなっていた。藩の領域を超えてモノとカネが行き交うグローバリズムが広がったためだ。黒船来航など外圧への対応にも苦慮していた。

こうした状況で「公議輿論《こうぎよろん》」をキーワードに天皇のもとで新しい国を作ろうという流れができる。明治維新は歴史の必然だった。それでも戊辰戦争が起きたのは、討幕勢力の側に、自分たちが中心となって権力を奪取したいという意識が強かったためである。

江戸開城以降、新政府側は旧幕府側の度重なる嘆願を退ける。対話が閉ざされ、武力衝突を決定づけたことを、私たちは忘れてはならない。

（二〇一九年一一月五日）

53 日本その日その日　東京都品川区　大森貝塚

JR京浜東北線の列車が東京に向かって大森駅を出るとすぐ、左の車窓に「大森貝墟《かいきょ》」と縦書きした碑が見える。通り過ぎて間もなく、今度は横書きで「大森貝塚」と刻んだ碑が視界に入る。一八七七年、モースが汽車の窓から見た貝殻の層を遺跡と見抜き、日本初の科学的な発掘調査を行ったのが、東京都品川区にある「貝塚」碑の地だ。

二五〇メートル離れて二つの碑が建ったのは、一九二五年にモースが死去して顕彰事業が企画される頃には、正確な発掘地が不明になっていたから。近年の調査で「貝塚」碑の場所がモースの発掘地とわかった。

日本考古学発祥の地は今、遺跡庭園になっている。貝層の展示やモースの胸像があり、解説板は、この貝塚で人が暮らした縄文時代後・晩期（約三五〇〇～二四〇〇年前）には、近くまで海が迫っていたことを図解している。セミの声が降り注ぎ、木陰で親子連れが涼をとる横を、電車がひっきりなしに行き来する音が響く。

> 横浜に上陸して数日後、初めて東京へ行った時、線路の切割に貝殻の堆積《たいせき》があるのを、通行中の汽車の窓から見て、私は即座にこれを本当のKjoekken-moedding（貝墟《かいきょ》）であると知った。私はメイン州の海岸で、貝塚を沢山《たくさん》研究したから、ここにある物の性質もすぐ認めた。
>
> 『日本その日その日2』（石川欣一訳、平凡社東洋文庫）より

日本《にほん》その日《ひ》その日《ひ》　大森貝塚を発見した米国人動物学者エドワード・モース（一八三八～一九二五年）の日本滞在中の日記。風景、人々の暮らし、日本での研究の様子などを、多数のスケッチとともに記録した。北海道や京都、九州などへの旅の記録も収める。大森貝塚発掘の学術的な成果は、日記とは別に調査報告書として刊行され、日本語に訳されて『大森貝塚』の題で岩波文庫に収められている。

「大森貝塚」碑（中央奥）が立つ日本考古学発祥の地の脇を、現在は、頻繁に電車が行き交う＝鈴木竜三撮影

横浜から新橋までの二等車の車中、モースは異国の観察で忙しかった。水田、農家、寺社など、「すべての景色は物珍しく、かつ心を奪うようなので、一七マイルの汽車の旅が、瞬間に終って了《しま》った」。『日本その日その日』（全三巻）に通底するのは、徹底して清明に日本を描く視線だ。「日本人が正直であることの最もよい実証は、三千万人の国民の住家に錠も鍵も閂《かんぬき》も戸鈕《ちゅう》も――いや、錠をかける可《べ》き戸すらも無いことである」「この地球の表面に棲《せい》息《そく》する文明人で、日本人程、自然のあらゆる形況を愛する国民はいない」。簡素で、心穏やかで、自然を愛し、礼を重んじた、日本人への好感をつづる。

本書が米国で刊行されたのは一九一七年。品川区教育委員会の寺門雄一《てらかどゆういち》・文化財係長は、「書いておかなければ忘れられてしまうだろうかつての日本人像を、いい面をあえて取り出して理想化して書いたのだろう」と推察する。

大森貝塚の発見から四〇年もたっていた。モースが日記を本にしたきっかけは、同じ頃日本に滞在して美術品を収集したウィリアム・ビゲローの手紙だった。「この後十年間に我々がかつて知った日本人はみんなベレムナイツ（絶滅して化石だけ残る軟体動物）のように、いなくなって了《しま》うぞ」と、明治初期の日本人を記録に残すことを求めていた。日清、日露戦争を経た近代日本。モースが科学者の目で目撃した古き良き日本の面影は、既に薄かっただろう。

台東区の谷中霊園には、モースに師事して大森貝塚発掘に参加し、若くして病死した松浦佐用彦《まつうらさよひこ》の墓がある。墓標にモースの言葉が英文で刻まれている。「訴えるべき最後の場所は、権威でなく観察と実験だという信念を維持した。それが松浦だった」。モースは「ことのほか愛していた」松浦の死をただ悲しむだけではなかった。葬列をスケッチし、葬儀の次第や、墓穴の深さまで記録した。

異文化の地で、信念を持った観察を重んじたのは、ほかならぬモース自身だった。

（清岡央／二〇一八年八月一四日）

大森貝塚遺跡庭園内のモース像

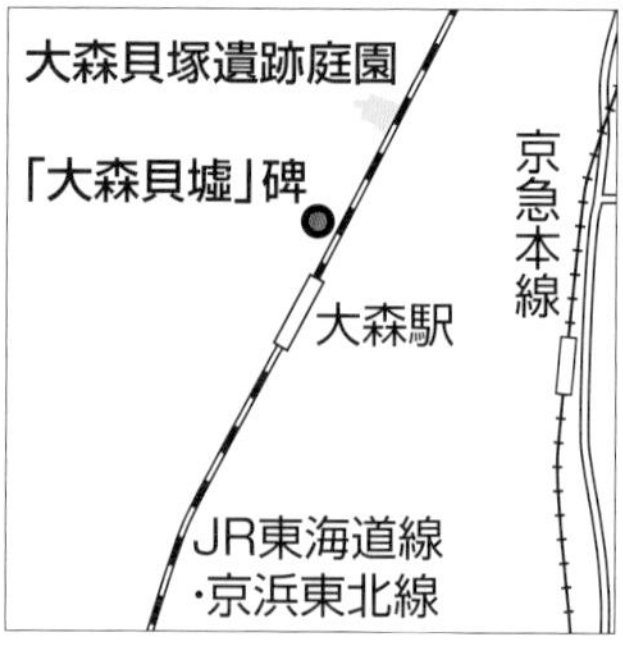

アクセス

大森貝塚遺跡庭園は、JR大森駅から徒歩約10分。「大森貝墟」碑は約5分。松浦佐用彦の墓は、JR日暮里駅から徒歩約10分、谷中霊園乙6号。

◆『日本その日その日』とその時代

1867年	大政奉還
1872年	新橋―横浜間鉄道開業
1877年	西南戦争
	モース一度目の来日。大森貝塚の発見
1878年	モース二度目の来日
1882年	モース三度目の来日
1885年	内閣制度発足
1889年	大日本帝国憲法公布
1894年	日清戦争起こる
1904年	日露戦争起こる
1910年	日韓併合

◆解く　貝塚の発掘を通じ日本びいきに

坂詰《さかづめ》秀一《ひでいち》　立正大学名誉教授

大森貝塚の発掘が、日本における西洋流考古学の始まりとされるのは、発掘調査後、正式な報告書を出したからです。出土した土器や動物の骨など一つ一つの遺物の詳細な図も掲載した上、何のために使われたかについて考察も加えるなど、記録の残し方がすごい。

当時の日本には、古墳研究のウィリアム・ゴーランドや『考古説略』を著したハインリッヒ・フォン・シーボルトら、遺跡に関心を持つ人物がほかにもいました。その中でモースが特に語り継がれたのは、報告書があり、邦訳もされたからです。出土遺物が明治天皇の天覧に供されるなど、当時話題になったこともありました。

日本を研究するため日本に来たモースは、何でも記録し、スケッチを残す人でした。『日本その日その日』には、当時の日本の風習や景色が実によく描かれています。日本に好意的な視線は、大森貝塚の発掘などで日本人の学生や労働者と作業をするうちに、日本びいきになったからでしょう。モースは大森貝塚だけの人物と考えられがちですが、当時の日本を科学者の目で記録に残してくれた意味は非常に大きいと思います。

（二〇一八年八月一四日）

明治のアイヌ集落を実地調査

54 小シーボルト蝦夷見聞記　北海道平取町

沙《さ》流《る》地方で、私が聞いた話は次のようである。ある霊峰に住む「カムイ」という蝦夷《えぞ》の「大霊」によって、最初のアイヌが創造された。この最初のアイヌの子孫がだんだん増えるに従って、日本という国の内部まで広がり住むようになった。日本との戦いや、アイヌ同士の戦いもあったため、アイヌの数は次第に減少してしまった。

『小シーボルト蝦夷見聞記』（ヨーゼフ・クライナーほか訳注、平凡社東洋文庫）より

小《しょう》シーボルト蝦夷見聞記《えぞけんぶんき》　明治政府の大蔵卿、大隈重信《おおくましげのぶ》の委嘱を受けたハインリッヒ・フォン・シーボルト（一八五二〜一九〇八年）は一八七八年、北海道を一か月旅行。報告書「北海道歴観卑見」を提出し、これとは別にドイツの人類学・民族学・先史学ベルリン協会に論文「蝦夷島におけるアイヌの民族学的研究」と補論「アイヌの毒矢」を送付した。以上の三編を合わせて日本語訳が一九九六年に刊行された。

明治時代に入って、北海道と名前を変えた蝦夷の中でも比較的大きい、約三〇戸の集落だった平取《びらとり》（現、平取町）を明治一一年（一八七八）八月、ハインリッヒは訪れ、約一週間滞在した。

その歴史や信仰、生活を調査し、論文「蝦夷島におけるアイヌの民族学的研究」を書く。これに小論二編を加えたのが『小シーボルト蝦夷見聞記』だ。

その名前が示す通り、ハインリッヒは長崎・出島のオランダ商館付き医師だったフィリップ・フランツ・フォン・シーボルトの次男で、小シーボルトと呼ばれる。この頃は在日オーストリア・ハンガリー帝国公使館の日本語通訳官だった。

函館から室蘭を経て平取へ。在日フランス公使館の書記官やオーストリア陸軍の中尉も一緒だった。ハインリッヒの目的はアイヌ民族の研究だった。

父、シーボルトは大著『日本』の一章をアイヌに割いたのだが蝦夷は訪れていない。そこでハインリッヒは実

アイヌの人々が「シシリムカ」（土砂で河口が詰まる川）と呼んだ沙流川流域は、広大な湿原だったという。冬場、氷に覆われた川に、徐々に春の気配が訪れる＝河村道浩撮影

際にアイヌの人々に会い、父の記述を裏付けようとしたのだ。

「勇払《ゆうふつ》（現在の苫小牧市の東方に広がる平野）から、六〜八マイルの内陸に点在するアイヌの村々については、これをすべて訪ねていた」

最も長く滞在した平取は、新千歳空港から車で約一時間。ハインリッヒが泊まったと考えられる首長ペンリウクの家は今の義経《よしつね》神社の近く。源義経が蝦夷に逃れたという伝説があり、蝦夷地探検の近藤《こんどう》重蔵《じゅうぞう》らが寛政《かんせい》一一年（一七九九）、神像を安置した神社だ。

町内の萱野《かやの》茂《しげる》二風谷《にぶたに》アイヌ資料館の館長で、茂の次男の志朗《しろう》さんは「アイヌの集落は、ここもそうだが、サケがさかのぼる川沿いで、湧き水の出るところにあった」という。

敷地内にアイヌの伝統的住居「チセ」が復元されている。「父も五歳まで、ああいう家に住んでいた」と志朗さん。

ハインリッヒは狩猟民だったアイヌの弓矢を数多く収集している。周囲にはナラ林が広がっていた。

復元されたアイヌの伝統的住居「チセ」（平取町「二風谷コタン」で）

ただ、集落周辺には野菜畑もあり、明治政府によってアイヌの同化、農民化が進められていた。

アイヌには「モンゴル人種らしいところが、あまり見受けられない。それどころか、（中略）ヨーロッパ人のようであった」とハインリッヒは書いている。

「肌の色は、日本人や中国人の場合のように黄色っぽい褐色でなく、むしろ赤っぽい褐色である」「日尻も、また上述の諸人種とは違って、上がり目ではなく、ヨーロッパ人のようにまっすぐである」

訳注者のヨーゼフ・クライナー独ボン大学名誉教授は「当時の欧米人はアイヌを古いタイプの白人種で、日本列島に取り残された同胞と見なしていた」と誤認の背景を説明する。

オーストリアやドイツ、イギリスの博物館にはハインリッヒらが送った膨大なアイヌ関連資料が残され、今もその調査が進められている。

（森恭彦／二〇二〇年三月一七日）

アクセス

北海道平取町は新千歳空港からＪＲ千歳線経由、日高線富川駅で下車し道南バスで15分。札幌からは高速バスで１時間50分。苫小牧から道南バスで40分。

◆『小シーボルト蝦夷見聞記』とその時代

1829年	シーボルト事件で父、大シーボルト、日本から追放される
1852年	ハインリッヒ、独・ボッパルトに生まれる
1869年	兄のアレクサンダーに従ってハインリッヒも来日
1871年	戸籍法制定、アイヌを平民に編入し、同化政策を開始
1872年	ハインリッヒ、ウィーン万博の日本側連絡員となる
1877年	士族の反乱、西南戦争が勃発
1878年	ハインリッヒ、埼玉、群馬の古墳を巡検。北海道を訪れる
1896年	東京・上野で大シーボルトの生誕100年記念祭
1908年	ハインリッヒ没

◆解く 「日本人の起源」父の説の立証を試みる

堅田智子《かただともこ》　流通科学大学専任講師

父シーボルトはオランダ人だと偽って出島のオランダ商館に赴任し、次男ハインリッヒはオーストリア・ハンガリー帝国公使館に勤務しましたが、父子は紛れもないドイツ人です。どうしても日本に来たくて外国公館で働きました。長男アレクサンダーは外交官として明治政府のために働き、ハインリッヒに続いて蝦夷と千島を旅行します。目的の一つは蝦夷をドイツの植民地にできないか、可能性を検討することにありました。

ハインリッヒは父の「日本民族アイヌ起源説」を立証しようと試みますが、『小シーボルト蝦夷見聞記』からはアイヌの文化への並々ならぬ興味もうかがえます。

蝦夷を北海道と命名した松浦武四郎《まつうらたけしろう》ら日本人と親しくなって情報をもらい、得意の日本語を生かして古物商から様々な文物を購入し、ヨーロッパへ送りました。

ハインリッヒについては、複数国の専門家が共同で研究する体制が整ってきました。日本でも多言語を使う研究者が増えています。

今年（二〇二〇）、ウィーン世界博物館でハインリッヒのコレクションを集めた「明治時代の日本」展が開かれました。彼の名前を冠した世界初の展覧会です。

（二〇二〇年三月一七日）

本文執筆（一部、写真撮影も含む）
赤木文也　池田和正　植田　滋　清岡　央　関口和哉
多可政史　滝北　岳　辻本芳孝　藤本幸大　前田啓介
森　恭彦　渡辺達治　渡辺嘉久

写真撮影
板山康成　尾賀　聡　川口正峰　河村道浩　鈴木竜三
土屋　功　守屋由子

装　幀　中央公論新社デザイン室

カバー写真
埼玉県行田市　埼玉古墳群（→p.23）
京都府京都市　鴨川の流れ（→p.99）
青森県青森市　三内丸山遺跡の大型掘立柱建物（→p.191）
東京都品川区　大森貝塚遺跡庭園内のモース像（→p.224）

扉写真
神奈川県小田原市　小峯御鐘ノ台大堀切東堀（→p.168）

史書を旅する

2021年10月25日　初版発行

編　者　読売新聞文化部《よみうりしんぶんぶんかぶ》

発行者　松田陽三

発行所　中央公論新社

〒100-8152　東京都千代田区大手町1-7-1
電話　販売 03-5299-1730　編集 03-5299-1740
URL http://www.chuko.co.jp/

DTP　平面惑星
印　刷　図書印刷
製　本　大口製本印刷

Published by CHUOKORON-SHINSHA, INC.
Printed in Japan　ISBN978-4-12-005468-6 C0021